医療系学部のための
「日本国憲法」入門

加藤大裕／大滝恭弘／尾﨑 順 共著

ムイスリ出版

まえがき

　本書は、特に医療系の大学や専門学校に在学している皆さんに活用されることを目指した、憲法の入門書です。

　医療系の学校に所属する皆さんにとって、憲法はそれほど身近なものには感じられないかもしれませんが、皆さんが医療に関連する職業を選択できるのも、実は憲法が関係しています。憲法は我が国の法体系の頂点に位置する「法」であり、医師法や医療法、保健師助産師看護師法などの、医療に関係する法律や規則も、憲法の趣旨に沿って（≒憲法に反しないよう）定められています。

　また、医療の範囲にとどまらず、私たちが選挙で投票ができるのも、自由に海外旅行に行けるのも、憲法がそれを私たちの権利として保障しているからこそです。このように憲法は私たちの人生や生活に密接に関連しており、だからこそ、憲法を正しく理解することは誰にとっても重要です。

　次に、医療者を目指す皆さんにとって、法的な問題を検討して法的素養を養う機会は、必ずしも十分ではありません。そこで本書では、医療に関連する実際の裁判例を複数取り上げ、その説明もなるべく平易なものとなるよう心掛けました。医療と法は切っても切れない関係にあります。ぜひ各事案を皆さん自身で考察し、検討してみてください。

　本書が、憲法や法律を少しでも身近なものと感じるきっかけとなり、憲法の内容を正しく理解する一助となることを願っています。

2025 年 1 月　　　　　　　　　　　　　　　　　　　　　　　編著者

目 次

第1講　憲法総論 …………………………………… 1
　1.1　憲法とは何か　2
　1.2　憲法による人権保障と、法律による制約　5
　1.3　日本国憲法の構造　7
　1.4　第1講のまとめ　9

第2講　私的自治と私人間効力 …………………………… 11
　2.1　私的自治の原則 ─契約自由の原則　12
　2.2　私人間効力 ─間接適用説　13
　2.3　入院患者に対する身体抑制　16
　2.4　第2講のまとめ　18

第3講　幸福追求権 …………………………………… 19
　3.1　幸福追求権とは　20
　3.2　新しい人権としての自己決定権　23

第4講　幸福追求権（名誉権・プライバシー権） ……… 27
　4.1　名誉権　28
　4.2　プライバシー権　30

第5講　平等原則 …………………………………… 35
　5.1　平等の意味　36
　5.2　平等原則に関する判例　39

第6講　信教（宗教）の自由 ……………………………… 45
　6.1　人権としての信教の自由　46
　6.2　政教分離原則　51

第 7 講　学問の自由 ･･････････････････････ 53
- 7.1　学問の自由の内容　54
- 7.2　大学の自治　58
- 7.3　第 7 講のまとめ　59

第 8 講　表現の自由① ･･･････････････････ 61
- 8.1　自己統治と自己実現　61
- 8.2　表現の自由の内容　63
- 8.3　表現の自由に対する制約　64

第 9 講　表現の自由②（知る権利）･･･････････ 69
- 9.1　知る権利　70
- 9.2　集会・結社の自由　73
- 9.3　検閲の禁止・通信の秘密　75

第 10 講　経済的自由権 ･･････････････････ 77
- 10.1　経済的自由権について　77
- 10.2　経済的自由権に対する制約について　79
- 10.3　経済的自由権の制約に関する裁判所の考え方　82

第 11 講　職業選択の自由 ････････････････ 87
- 11.1　職業選択の自由とは何か　87
- 11.2　職業選択の自由に対する制約について　89
- 11.3　職業選択の自由の制約に関する裁判所の考え方　92

第 12 講　財産権 ･･･････････････････････ 99
- 12.1　財産権とは何か　99
- 12.2　財産権に対する制約について　101
- 12.3　損失補償　104

12.4　予防接種事故と損失補償について　107

第13講　社会権　111
13.1　社会権とは何か　111
13.2　生存権について　112
13.3　教育を受ける権利について　118
13.4　勤労の権利と労働基本権について　120

第14講　参政権　123
14.1　参政権について　123
14.2　選挙権の法的性格　126
14.3　選挙の基本原則　127
14.4　選挙権行使の制限に関する裁判所の考え方　130

第15講　国家賠償請求権　135
15.1　国家賠償請求権とは何か　135
15.2　国家賠償法について　136
15.3　ハンセン病問題と国家賠償責任　138

参考文献　147
索　引　151
提出シート　155

第1講

憲法総論

　本書で取り扱う「日本国憲法」は、昭和21年11月3日に公布され、翌昭和22年5月3日に施行されました[1]。日本国憲法が成立する以前にも、本邦には大日本帝国憲法（いわゆる明治憲法）が存在していましたが、日本国憲法は、わが国の主権者を天皇ではなく国民と定めるなど、明治憲法とは全く異なる内容であり、当時「新憲法」とも表現されていました。

　憲法は国家の基礎となる法であり、憲法によってわが国がどのような国であるのか、という国家の基本的な性格が決定されます。つまり、日本国憲法の制定によりわが国の基本的な性格が抜本的に転換されたことになります。

　ところで、「憲法」や「法律」という言葉そのものはほとんどの人が知っていると思います。そして、「憲法」も「法律」も、文字通りいづれも「法」の一種です。法は社会規範の一つであり、通常は強制力がともないます[2]。

　一方で「憲法」や「法律」という言葉は知っていても、その違いを理解している人は、決して多くありません。本講では、本書のテーマそのものである「憲法」とは一体どのような「法」なのか、法律と比較しながら、その大枠を説明します。

---

[1] 「公布」とは、成立した法や条約等を発表し国民に周知させること。「施行」とは、法の効力を現実に発生させることを意味します（いずれも新村出編「広辞苑（第7版）岩波書店 2018年 第1004頁、1268頁）。

[2] 尾﨑哲夫「コンパクト法律用語辞典（第6版）」自由国民社 2011年 第588頁

【参考：日本国憲法原文の冒頭部分】[3]

1.1 憲法とは何か

(1) 憲法による国家権力の抑制

　既述の通り、法とは強制力をともなう社会規範であり、憲法も法律も「法」の一種です。そのなかでも憲法は、わが国の法体系の頂点に位置します。そして、わが国に存在する憲法は、「日本国憲法」一つだけです。

　では、「法律」も一つだけなのでしょうか。「法律」と聞いて皆さんはどのようなものが思い浮かびますか。民法や刑法、会社法という法律の名前を一度は耳にしたことがあるかもしれません。その他にも、運転免許を取得した

---

[3]　国立公文書館ホームページ
　https://www.digital.archives.go.jp/DAS/pickup/view/detail/detailArchives/0101000000/0000000003/00

人は教習所で道路交通法について学習したことでしょう。医師法や薬剤師法、健康保険法や医療法など、医療に関連する法律も多数制定されています。このように本邦には多くの法律が存在し、2024年8月現在、その数は2000を超えています。

　このようにその数だけみても、憲法と法律はその位置付けが異なることが推測できますが、次は、誰がその法を守らなければならないか、という点から憲法と法律の違いを考えてみます。

　例えば、道路交通法は「道路における危険を防止し、その他交通の安全と円滑を図り、及び道路の交通に起因する障害の防止に資することを目的」とした「法律」です。そして、道路交通法22条は「車両は、道路標識等によりその最高速度が指定されている道路においてはその最高速度を（中略）こえる速度で進行してはならない。」と定めており、これに反した場合には「六月以下の懲役又は十万円以下の罰金に処する」ともしています（道路交通法第118条1項1号）。つまり、最高速度を超過するスピードで車両（ここでは自動車をイメージしてください）を運転した場合は、罰金や懲役刑を科せられる訳ですが、ここで、最高速度を超えて車両を運転してはならず、それに反した場合に、罰金刑や懲役刑を科せられるのは誰でしょうか。それは、言うまでもなく車両を速度超過で運転した人≒国民（本邦に来ている外国人も含む）です。

　このように道路交通法22条は、国民に対して、自動車等を運転する場合は最高速度を超えて運転してはならないという義務を課しています。道路交通法という法律を守らなければならない対象者は我々国民であり、これは、道路交通法に留まらず法律全般に妥当します。つまり、法律を守らなければならないのは、我々国民です。

　それでは、憲法は誰が守らなければならない法（ルール）なのでしょうか。結論からいえば、憲法は「国家」が守らなければならない法（ルール）です。現に、日本国憲法第99条は「天皇又は摂政及び国務大臣、国会議員、裁判官その他の公務員は、この憲法を尊重し擁護する義務を負ふ。」と規定していますが、そこに「国民」は含まれていません。

　このように憲法も法律も、いずれも本邦の法体系に含まれる「法」ですが、

憲法は国家が守らなければならない法であり、法律は国民が守らなければならないルール、という極めて大きな違いがあります。

（2）国家権力を憲法によって抑制する理由

それでは、どうして国家が守らなければならない憲法と、国民が守らなければならない法律があるのでしょうか。

先ほど、道路交通法という「法律」を一例としてあげました。仮に道路交通法22条が存在せず、自動車は運転者が自由な速度で運転して構わない（例えば、細い道でも時速150キロメートルで走行して構わない）、ということであれば、「道路における危険を防止し、その他交通の安全と円滑を図る」ことも、「道路の交通に起因する障害」を防止することも不可能です。

やや雑駁な表現になりますが、道路交通法以外の法律も、その法律が意図した目的を達成するために、国民に対して当該法律を守るよう義務付けているわけです。

一方、憲法は「国家」が守らなければならない『法』です。それでは、なぜ国家が守らなければならないルールを憲法という形で定める必要があるのでしょうか。その一つの答えは、国家を運営し権力を行使するのも「人間」であるからです。人間の人格はさまざまですが、一切間違いを犯さない、非の打ち所がない人間というのは存在しません。そのような存在である人間が、国家を運営し、権力を行使する以上、国家権力を濫用しない（国家が暴走しない）保障はどこにもないのです。

このような観点から、国家権力が濫用されて個人の人権が侵害されることを防ぐために、憲法によって国家権力を抑制することにしました。

国家権力を人権保障（および権力分立）が規定された憲法によって国家権力を制限し、憲法に基づいた政治を行い、国民の権利と自由を確保することを「立憲主義」といいます。

【参考】

ハミルトン、ジェイ、マディソン『ザ・フェデラリスト』より

「もし、天使が人間を統治するというならば、政府（国家権力）に対する抑

制（制限）など必要としないであろう。（中略）しかし、人間が人間の上に立って政治を行うという政府を組織するにあたっては、（中略）政府自身を抑制（制限）せざるを得ないようにしなければならない」[4]。

1.2 憲法による人権保障と、法律による制約

（1）職業選択の自由と制約 —保健師助産師看護師法を参考として

　この本を手に取っている人には、医師や看護師、薬剤師など医療系の国家資格を取得し医療者となることを一つの大きな目的として、大学等に在学中の人も多いでしょう。医療資格を取得するためには、大学等を卒業して国家試験を受験し免許を得る必要がありますが、実はそこにも憲法と法律が関係しています。

　歴史の話ですが、例えば江戸時代は身分制により職業が決められており、自由に自分の職業を選ぶことは困難でした。

　これに対し、日本国憲法は第22条1項において、職業選択の自由を規定しています[5]。多くの人が自ら医療者となることを希望して、現在の学校（医療系学部）に通学しているでしょうし、少なくとも、医療者となることを国家から強制されて在学している人はいないはずです。

　このように本邦では現在、自らが従事する職業を自分で選ぶことができます（≒国家に自らの職業を強制されない）。憲法第22条1項が職業選択の自由を認めている以上、国家は合理的理由なく、国民の職業選択の自由を侵害することはできません。つまり、皆さんが医療職に就くことを選択できるのは、職業選択の自由が規定されているから、ともいえる訳です。

　一方で、職業選択の自由が規定されているにもかかわらず、上記の通り国家資格として定められている医療職は、最終的に試験に合格して免許を得なければ、その医療職に就くことはできません。これは一定の職業について、法律によって職業選択の自由が制限を受けているからです。例えば、保健師

---

[4]　斎藤眞、中野勝郎訳「ザ・フェデラリスト」岩波文庫 1999年
[5]　憲法第22条1項「何人も、公共の福祉に反しない限り、居住・移転及び職業選択の自由を有する」と規定しています。

助産師看護師法7条3項は「看護師になろうとする者は、看護師国家試験に合格し、厚生労働大臣の免許を受けなければならない。」とし、同法21条は、「看護師国家試験は」「大学において看護師になるのに必要な学科を修めて卒業」する等の一定の要件を満たさなければ、「これを受けることができない」と規定しています。

つまり、皆さんが医療系学部に在学して日々勉学に励んでいる（場合によっては励まざるを得ないでいる）のは、憲法22条1項によって職業選択の自由が保障され、その一方で、それが法律によって一定の限度で制約を受けているから、といえます。

（2）婚姻と憲法

婚姻（結婚）についても憲法に定めがあります。

> **憲法第24条1項**
> 　婚姻は、両性の合意のみに基いて成立し、夫婦が同等の権利を有することを基本として、相互の協力により、維持されなければならない。

憲法24条1項は　婚姻の自由を保障しており、婚姻の成立要件は当事者の合意のみである旨を明らかにしています。現在の皆さんの感覚からすれば、婚姻が当事者の合意のみで成立するのは、当然のことかもしれません。

しかし、明治憲法下では「家」制度が存在し、家族の婚姻要件として戸主の同意が必要でした。「家」とはもちろん自宅という意味ではなく、明治憲法下の民法において定められていた、戸籍に記載された親族の団体のことです。「家」制度においては家長としての「戸主」が定められており、戸主には戸主権という家族に対する強い支配権が認められていました。そして上記の通り、婚姻要件として戸主の同意が必要でしたから、当時者同士の合意のみで、婚姻を成立させることはできなかったのです。

また、日本国憲法においては「夫婦が同等の権利を有すること」が明示されていますが、明治憲法下では、妻は法的には法律行為を行うことが制限されていたり、妻の財産は夫が管理するとされていたりするなど、婚姻後にお

ける夫の地位の優越性が民法上確立されていました[6]。

　「家」制度が廃止され、婚姻について戸主（そもそも現在の戸籍には戸主はいません）の同意も不要とされたのは、日本国憲法の制定（憲法 24 条）を受けてのことです。

（3）小括
　日本国憲法を日常生活で意識することはほとんどないでしょうし、縁遠いもののように感じるかもしれませんが、前述の通り、我々の日々の生活にも直結する内容が記載されており、その点でも非常に重要な『法』であることがわかると思います。

1.3　日本国憲法の構造
　日本国憲法は大別すると、前文、人権、統治という三つで構成されています。

（1）前文
　憲法の前文には、日本国憲法の理念や目的が記載され、ここから「国民主権」、「基本的人権の尊重」、「平和主義」という日本国憲法の基本原理が導かれます。

①　国民主権
　まず、憲法前文にいう「国民主権」は、国政についての最終決定権が国民にあることを意味します。冒頭に述べた通り明治憲法における主権者は天皇でしたが、日本国憲法における主権者は国民であるとされ、根本的に変更されました。天皇は、明治憲法下において「統治権の総攬者」でしたが、日本国憲法においては「天皇は、日本国の象徴であり日本国民統合の

---

[6]　旧民法下においては、妻が不動産や重要な動産の売買契約を締結したり、訴訟を提起したり、贈与契約を締結したりするためには、夫の同意が必要とされていました（旧民法 12 条および 14 条）。また、旧民法 801 条は「夫ハ妻ノ財産ヲ管理ス」とし、夫が妻の財産を管理することとされていました。

象徴であつて、この地位は、主権の存する日本国民の総意に基く」とされています（憲法第1条）。

② 基本的人権の尊重

「基本的人権」とは、私たちが生まれながらにしてもっている、個人一人一人が尊重されて生きていくために必要な基本的な権利を意味します。

明治憲法下においては、そもそも「人権」とは表記されておらず、「臣民権利義務」とされていました（明治憲法第2章表題）。保障されていた権利についても「法律の留保」がついており、その保障ははなはだ不十分でした[7]。

日本国憲法の97条は、基本的人権について、「人類の多年にわたる自由獲得の努力の成果であつて、これらの権利は、過去幾多の試錬に堪へ、現在及び将来の国民に対し、侵すことのできない永久の権利として信託されたものである。」とし、基本的人権が世界の歴史の流れを経て獲得されたものであることを明らかにしています。

③ 平和主義

日本国憲法前文は「平和を愛する諸国民の公正と信義に信頼して、われらの安全と生存を保持しようと決意」し、「われらは、全世界の国民が、ひとしく恐怖と欠乏から免かれ、平和のうちに生存する権利を有することを確認する」など平和主義を基本理念として掲げています。

「平和」がなければ、個人の自由と生存もあり得ないことから、平和主義が日本国憲法の基本原理とされました。

（2）人権（10条から40条）および統治（1条から9条、41条から103条）

日本国憲法は第3章において「国民の権利及び義務」とし、基本的人権を保障しており、詳細は第2講以下で解説しますが、ここが日本国憲法の核心部分であるといえます。

---

[7] 例えば、表現の自由に関する明治憲法第29条は「日本臣民ハ法律ノ範囲内ニ於テ言論著作印行集会及結社ノ自由ヲ有ス」としていました。ここでいう法律の留保とは、法律に基づくのであれば、国民の権利を制限しても構わない、ということを意味します。

第4章以下は「統治」といわれる部分であり、いわゆる権力分立（三権分立）について規定しています。ここにいう三権は、「立法」、「行政」、「私法」の3つです。三権分立も極めて重要ですが、その目的は国家権力が一手に集中すると、権力が濫用されて人権侵害のリスクが高まります。つまり、三権分立の目的もまた人権保障にある訳です。

1.4　第1講のまとめ

　以上の通り、憲法は国家の基礎となる法であり、日本国憲法は、国民の権利と自由を確保するために国家が守らなければならないルールです。国家の基礎となる法であり、国家が守らなければならないルールであることから、憲法がどのような内容であり、憲法においてどのような権利が保障されているのか、という点は極めて重要です。

　第2講以下で憲法の具体的内容を学んでいきますが、憲法の目的が、国家権力を制限して権利と自由を確保する点にあることを、常に意識すると良いでしょう。

第2講
私的自治と私人間効力

　本講のテーマは私的自治と私人間効力です。第1講では、憲法は国家と国民の間を規律すると説明しました。憲法を守らなければならないのは国家である、ということですが、これはつまり、憲法は国家と個人（国民）との間に適用されることを前提としています。

　それでは憲法は、国民と国民の間には何の影響も与えないのでしょうか。これも第1講で触れましたが、憲法は国家の基礎となる法であり、憲法によってわが国がどのような国であるのか、という国家の基本的な性格が決定されます。また、立憲主義に基づく憲法の目的は、国家権力を制限して、個人の自由と人権を保障することにありますが、国家ではない私人（個人）による人権侵害は起こり得ないのでしょうか。憲法は極めて重要な『法』であるのに、国民と国民の間の関係には、何も影響を与えないのか、一切適用されないのか、というのが本講の問題意識です。

　「私人間効力」というのは耳慣れない表現だと思いますが、これは憲法は私人間（≒国民と国民）の間に効力（≒適用）があるのか、という意味です。そして、「私的自治」は実は憲法ではなく、民法など私法[1]の概念です。

　まず、私的自治についての概要を述べたうえで、その後私人間効力について説明します。

---

[1] 「私法」とは、個人同士の関係を定める法のことです。代表的な私法としては、民法や商法があります。一方、本書で取り扱う憲法は、国家と個人との間を規律しますから「公法」にあたります。憲法の他には、刑法などが「公法」に該当します（尾﨑哲夫著「コンパクト法律用語辞典 第6版」自由国民社 2011年 第245頁）。

2.1 私的自治の原則 ―契約自由の原則

（1）私的自治

　既述の通り私的自治は民法などの私法の概念です。私的自治の原則とは、少し難しい表現ですが、「個人が自由な意思をもつことを前提に、個人の身分と財産に関する関係については、その意思によって自由に決めることができる原則」を意味します。

　例えば皆さんは、スーパーマーケット等で買い物をしたことがあるでしょう。スーパーは国家ではありませんから「私人」です。買主である皆さんも「私人」ですから、スーパーと皆さんとは私人と私人という関係にあり、ここに憲法は適用されないことになります。前述の通り、憲法は国家と個人（私人）との間に適用される「法」だからです。

　そして、スーパーなどでは賞味期限が近い等の理由で、定価よりも割り引かれている商品を目にすることがあります。スーパーからすれば、ある商品を定価で売ることもできますし、割り引いて販売することも可能です。買主である皆さんも、賞味期限が間近でも値段が安い方がいいと判断して割引商品を買うこともあれば、それでは困るということで定価の商品を買うこともできます。

　このように契約当事者であるスーパーと皆さんは、双方の意思が合致する限り、原則として自らの判断で自由にさまざまな売買契約を締結することができます。これが私的自治の原則であり、売買契約にとどまらず、あらゆる私人間の契約にあてはまる概念です。

（2）公序良俗違反

　もっとも、いくら私人と私人との双方の意思が合致して契約を締結したとしても、内容を問わずに全く無制限に許容されるかというと、そうではありません。犯罪行為の実施を前提とするような契約（例えば、ある人物に怪我をさせてくれれば、報酬として100万円を渡す、というような契約）は、無効であると考えるべきです。

　実際、民法90条は「公の秩序又は善良の風俗に反する法律行為は、無効と

する」と定めています。そして「公の秩序」と「善良の風俗」は両者をあわせて（区別しないで）『社会的妥当性』を意味すると理解されていますから、要は「社会的妥当性」を欠くような内容の契約は、当事者の意思がいくら合致していても、これを無効とするということです。

　以上を整理すると、私的自治の原則に基づき、私人と私人とは自由に契約を締結することが認められていますが、例外的に社会的妥当性を欠くような契約は無効になる、ということになります。

2.2 私人間効力 —間接適用説

（1）前提

　一口に私人といっても、そこには文字通り一個人もいれば、大企業のような強大な社会的権力を有する私的団体も含まれます。個人も大企業もいづれも「私人」ですが、その社会的な力の差は歴然としています。

　もっとも、このような巨大な資本や人員を背景に社会的権力を振るう私的団体が、個人の人権を侵害したとしても、従来の考え方に基づく限り、当該私的団体と一個人との間に憲法の人権規定は適用されない、ということになります。冒頭に述べた通り、憲法は国家と私人との間に適用されることを前提としているからです。

　しかし、憲法はわが国の基本的性格を規律している法であり、その目的は個人の自由と人権を保障する（確保する）ことにあります。そうであるにもかかわらず、強大な社会的権力をもつ私的団体による人権侵害を放置してしまっては、個人の自由と人権を確保するという憲法の目的が十分に達成できなくなってしまいます。そこで、憲法の人権規定を国家と私人との間のみではなく、私人と私人との間にも適用するべきではないか、というのが私人間効力の問題です。

（2）女子若年定年制事件

それでは私人間効力について、実際の判例を見ながら考えてみましょう。女子若年定年制事件（日産自動車事件・最三昭和 56 年 3 月 24 日民集 35 巻 2 号 300 頁参照）は、憲法の私人間効力が問題となった事件です。

① 事案の概要

日産自動車株式会社（以下「日産自動車」）は、当時、男性と女性との定年年齢に差を設けており、同社の就業規則[2]においては、男子の定年年齢は満 55 歳ですが、女子の定年年齢は満 50 歳とされていました。当該就業規則に基づき、日産自動車は、同社の従業員であり昭和 44 年 1 月に満 50 歳になる X さんに対し、同年 1 月末日をもって退職するよう命じました。これに対し X さんが、日産自動車の定年退職規程は民法 90 条に反し無効であると主張したのが本事件です。

② 判旨

本事件において最高裁は、「男子の定年年齢を 55 歳、女子の定年年齢を 50 歳と規定」する日産自動車の就業規則について、「少なくとも 60 歳前後までは、男女とも通常の職務であれば企業経営上要求される職務遂行能力に欠けるところはなく」女子従業員のみを「一律に従業員として不適格とみて企業外へ排除するまでの理由」はなく、日産自動車の「企業経営上の観点から定年年齢において女子を差別しなければならない合理的理由は認められない」としたうえで、「就業規則中女子の定年年齢を男子より低く定めた部分は、専ら女子であることのみを理由として差別したことに帰着するものであり、性別のみによる不合理な差別を定めたものとして民法 90 条の規定により無効であると解するのが相当である（憲法 14 条 1 項、民法 1 条の 2 参照）」と判示しました[3]。

ここでのポイントは、最後のかっこ書きの「（憲法 14 条 1 項、民法 1 条

---

[2] 「就業規則」とは「賃金その他の労働条件、職場の規律などについて、使用者が定める規則」であり（尾﨑哲夫「コンパクト法律用語辞典（第 6 版）」2011 年　第 355 頁）、多くの企業において、使用者と個々の労働者との間の労働条件は、就業規則によって規律されています。

[3] 第 1 審である東京地方裁判所および第 2 審の東京高等裁判所も、女子若年定年制は、公序良俗違反であるとして、X さん（従業員側）の主張を認めています。

の2参照)」、特に憲法14条1項の部分です。憲法14条1項は平等原則について定めており、性別による差別を禁止しています[4]。

日産自動車の従業員であるXさんも、法人である日産自動車も、いづれも私人ですから判決結果にかかわらず、本来憲法は無関係のはずです。しかし最高裁はあえてかっこ書きで「憲法14条1項参照」としました。これにより最高裁は、私人間（Xさんと日産自動車）に間接的に憲法の趣旨を適用した、と解釈されています（間接適用説といいます）。

【日産自動車事件における、間接適用説のイメージ】

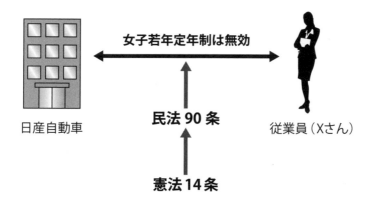

（3）なぜ間接適用なのか

それでは、最高裁はなぜ「間接的に」憲法の人権規定を私人間に適用すると解釈され得る判決内容としたのでしょうか。大企業等による人権侵害を防ぐのであれば、国家と個人に憲法を適用する場合と同じように、私人間にも憲法を直接適用する、という方法も考えられます（直接適用説）。

しかし、上記の通り私人間における契約等は、それが社会的妥当性を欠いていない限り、私人間において自由に締結することができますし、それが市民社会の大原則でもあります。そうであるにもかかわらず、私人間にも憲法

---

[4] 憲法14条1項は、「すべて国民は、法の下に平等であつて、人種、信条、性別、社会的身分又は門地により、政治的、経済的又は社会的関係において、差別されない。」としています。

を直接適用してしまうと、私的自治の原則が害されてしまう（私人間の行為がかえって憲法によって制限されてしまう）という問題点が指摘されます。

つまり、私人の私人に対する人権侵害にも配慮しつつ、それでいて私的自治の原則をいたずらに害さないよう、間接的に憲法の趣旨を適用した（バランスをとった）わけです。

もっとも、間接適用説の立場からも、憲法15条4項の定める「投票の秘密」や、憲法18条における「奴隷的拘束及び苦役からの解放」、憲法28条が定める「勤労者の団結権」などは、文言やその趣旨から、私人間に直接適用されると理解されています。

2.3 入院患者に対する身体抑制

上記の通り、日本国憲法18条は奴隷的拘束を禁止していますが[5]、奴隷的拘束という極端な場合にとどまらず、広く身体が不当に拘束されてはならないこと（人身の自由が保障されるべきこと）は、当然の話であるといえます。日本国憲法に身体の不当な拘束を禁止する旨を正面から定めた条文はありませんが、これは人身の自由の保障はあまりに当然であり、あえて明文で定めるまでもないと考えたためです。

以下、判決文で憲法について言及されたわけではありませんが、入院患者に対する拘束具を用いた身体抑制が問題となった事件（最判平成26年1月26日）を紹介します。

（1）事案

Aさんは当時80歳の女性であり、Yの開設するB病院に入院していました。Aさんは夜間になるとせん妄状態（意識混濁、精神運動興奮、錯覚、幻覚等をともない短期間に変動する可逆的な意識障害）の症状がみられ、またB病院の前に入院していたF病院において、トイレ内で転倒し、骨折したこともありました。

---

[5] 憲法18条は、「何人も、いかなる奴隷的拘束も受けない。又、犯罪に因る処罰の場合を除いては、その意に反する苦役に服させられない」としています。

ある日の午後9時頃、既に消灯後でしたがAさんは頻繁にナースコールをし、何度も車いすに乗って看護師の詰所に向かい、繰り返し大声でオムツの汚れを訴えるなどしました。3名いた当直看護師ら（Aさんも含め27名の患者に対応）は、そのつどAさんを病室に連れ戻し、汚れていなくてもオムツを交換するなどしていました

Aさんは、午前1時頃にも車いすで詰所を訪れ、車いすから立ち上がろうとし、大声を出すなど興奮状態にありました。看護師らは、Aさんをベッドごと詰所に近い個室に移動させ、声をかけたりお茶を飲ませたりして落ち着かせようとしましたが、Aさんの興奮状態が収まらずに、繰り返しベッドから起き上がろうとしたことから、看護師らは、抑制具であるミトンを使用して、Aさんの両手をベッドの両側の柵にくくりつけました（以下「本件抑制行為」といいます）。Aさんは、口でミトンのひもをかじり片方を外しその際に右手首皮下出血の傷害を負いましたが、やがて眠り始めたため、午前3時頃に、看護師らがAさんの入眠を確認してミトンを外し、Aさんを元の病室に戻しました。

これに対し、看護師らが行った本件抑制行為が診療契約所の義務に違反するとして損害賠償請求（請求額は600万円）が提起されたのが本件です。

（2）判決

第1審の名古屋地方裁判所一宮支部は、本件抑制行為はAさんが転倒、転落によって負傷することを避けるための緊急避難行為であるとして、正当性を認め、Aさんの請求を棄却しました[6]。一方、第2審の名古屋高等裁判所は、拘束しなければ重大な怪我をするという切迫した危険性があったとはいえないとし、70万円の限度でAさんの請求を認め、1審と2審で結論が分かれました。

最高裁は「入院患者の身体を抑制することは、その患者の受傷を防止するなどのために必要やむを得ないと認められる事情がある場合にのみ許容されるべきものである」として、身体拘束が安易に許容されるものではないこと

---

[6] なお、Aさんは第1審の判決が出る前に亡くなっており、実際に当事者として訴訟を遂行したのは、Aさんの相続人です。

を示しつつも、「本件抑制行為は、Aの療養看護に当たっていた看護師らが、転倒、転落によりAが重大な傷害を負う危険を避けるため緊急やむを得ず行った行為であって、診療契約上の義務に違反するものではな」いとし、Aさんの請求を棄却しました。

判決文は特に憲法には言及していませんが、安易な身体拘束を認めないという点は、身体の自由が不当に侵害されてはならない、という憲法の趣旨と合致する内容であるといえます。

2.4 第2講のまとめ

間接適用説の立場からも、憲法が国家と国民との間を規律するルール（≒憲法を守らなければならないのは国家）であることは大原則です。

もっとも立憲主義に基づく憲法の目的は、憲法によって国家権力を制限し、人権侵害を防ぐことにあります。人権侵害を防ぐという目的を達成するために、本来は国家を対象とするはずの憲法の規律が、私人間にもおよぼされたわけであり、根本にあるのは人権侵害をどのように防ぐのか、という点にあります。

第3講

幸福追求権

> **憲法第 13 条（幸福追求権）**
> すべて国民は、個人として尊重される。生命、自由及び**幸福追求**に対する**国民の権利**については、公共の福祉に反しない限り、立法その他の国政の上で、最大の尊重を必要とする。

　本講のテーマは「幸福追求権」ですが、幸福追求権とはどのような権利なのでしょうか。

　例えば、第1講でも少し触れた「職業選択の自由（憲法22条1項）」や、第7講で取り扱う「学問の自由（憲法23条）」は、詳しい内容は別としても、言葉の意味からどのような権利（人権）であるのかはある程度想像がつくと思います。一方「幸福追求権」は、これらの権利に比べると抽象的で、一見してどのような権利であるのかを理解する（推測する）のは難しいかもしれません。

　この点、幸福追求権はかつて、人権保障の一般原理を示したに過ぎず、具体的な人権を保障したものではないとも考えられていました。しかし今日幸福追求権は、人権保障の一般原理であるとともに、憲法14条以下の個別的人権としては列挙されていない「新しい人権」の根拠となる、包括的権利（基底的権利）であると理解されています。

　なお、他の憲法上の権利や制度にも該当しますが、「法」について学ぶ場合、その出発点は条文です。必ずしも条文を覚える必要まではありませんが、そこで取り扱っている権利や制度を学ぶ際、関連する条文は確認するようにしてください。その趣旨で冒頭にテーマとなる条文を掲載しています。

3.1 幸福追求権とは

（1）「新しい人権」の必要性

　憲法14条以下には、平等権（14条1項）や表現の自由（21条1項）、信教の自由（20条1項）などの、重要な個別的人権が定められています。これらは日本国憲法が制定された時点で、歴史的に国家より侵害されることの多かった重要な権利ないし自由であり、個別的人権として保障が明示されました。

　もっとも、第1講で説明した通り、日本国憲法が公布されたのは、現時点（令和6（2024）年時点）から78年前の昭和21（1946）年です。その時点で重要であると考えられる権利が列挙されましたが、個々人が生きていくために必要な全ての人権を網羅しているわけではありません。例えば、現代社会においてプライバシー権が重要であることに皆さんも異論はないと思いますが、憲法の人権規定に「プライバシー権」は列挙されていません。つまり憲法において明示的に保障されている権利のみでは、社会の要請や技術の進展などの時代の変化に対応しきれない場合があるわけです。そこに、「新しい人権」を認める必要性があります。

（2）「新しい人権」の根拠たる幸福追求権

　それでは、「新しい人権」を認める必要性があるとしても、それにはどのような方法があるでしょうか。

　一つは、憲法を改正して「新しい人権」を個別的人権として日本国憲法に追加する（≒新たな権利を条文として書き加える）という方法が考えられます。日本国憲法は、第96条において憲法の改正手続きについても規定しており[1]、この手続きを踏めば憲法を改正し、新しい人権を明文で追加すること

---

[1] 憲法第96条1項は、「この憲法の改正は、各議院の総議員の三分の二以上の賛成で、国会が、これを発議し、国民に提案してその承認を経なければならない。この承認には、特別の国民投票又は国会の定める選挙の際行はれる投票において、その過半数の賛成を必要とする。」と規定しています。
　なお、憲法改正に関する国民投票の手続きについて定める「日本国憲法の改正手続に関する法律」が平成19年に成立していますが、実際に同法に基づき国民投票が実施されたことはありません。

も可能です。

　もっとも、詳細は第 14 講の参政権で説明しますが、日本国憲法の改正手続きは極めて重く、容易に改正することはできません（現に制定から 80 年近くが経過する日本国憲法ですが、その文言が改正されたことは一度もありません）。

　時代の変化に応じて「新しい人権」を認める必要があるにもかかわらず、その度ごとに憲法の改正が必要ということになれば、柔軟性に欠けることは否めません。

　そこで着目されたのが、憲法 13 条が規定する幸福追求権です。冒頭に述べた通り、幸福追求権の文言は 14 条以下の個別的権利に比べるとその文言は抽象的です。また、日本国憲法の条文の構造をみると、幸福追求権を規定する憲法 13 条の後に（憲法 14 条以下に）、平等権や表現の自由といった個別的人権が定められています。このような、憲法 13 条の文言や条文の位置付けを根拠として、幸福追求権は単なる人権保障の一般原理ではなく、14 条以下の個別的人権を基礎づけている包括的権利（基底的権利）であり、「新しい人権」の根拠となる権利であると考えられるようになりました。

【幸福追求権と 14 条以下の個別的人権および新しい人権の関係図】

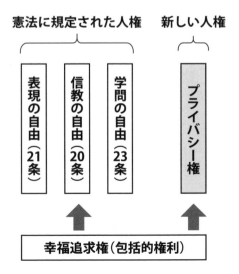

(3)「新しい人権」と認められるためには

　それでは、憲法13条が定める幸福追求権を根拠に「新しい人権」が認められるとしても、どのような内容の権利であれば「新しい人権」として認められる（国家に対して権利として主張できる）のでしょうか。これには二つの考え方があります。

　一つは、幸福追求権は、個人のあらゆる行為の自由を憲法上の権利として保護の対象としている、という考え方です（一般的行為自由説といいます）。

　もう一つは、個人の人格的生存に不可欠な利益を保障しているのが幸福追求権である、という考え方です（人格的利益説といいます）。個人の人格的生存に不可欠な利益とは、個人として自律した人生を送るためには不可欠な利益、という意味です。

　両説の違いは、服装や髪型、散歩やバイクに乗る自由などが幸福追求権によって保障されるのか否か、という点にあらわれます。前者の一般的行為自由説からは、これらの「行為」も「新しい人権」として保障されることになりますが、後者の人格的利益説からは、これらの行為は幸福追求権を根拠とする「新しい人権」としては認められない、ということになります。

　どのような立場をとるかはそれぞれの考え方や立場によりますが、一般的な行為を全て憲法上の人権としてとらえる一般的行為説には「人権のインフレ化を招く」という批判もあり、実際のところ最高裁判所が幸福追求権（憲法13条）に基づき、「新しい人権」として明確に認めた権利の数は、必ずしも多くはありません。

　以下、「新しい人権」としての自己決定権について説明します（プライバシー権」および「名誉権」については、次講で取り扱います）。

3.2 新しい人権としての自己決定権

（１）輸血拒否訴訟事件

　自己決定権の意味も論者によって異なりますが、本書ではどのような人生をどのように生きるかに関する基本的に重要な決定をなしうる権利を自己決定権と定義します[2]。自分の身体や生命にかかわる事項や、家族の形成（結婚の有無や子供をもつかどうか等）に関する事柄は、人生にとって重要な決定といえますから、これらに関する決定を公権力（国家）によって妨げられたりしない権利が「自己決定権」ということになります。

　実臨床においては、医療行為を行うにあたり事前に治療内容について説明し、患者の同意を得ることが一般的です（インフォームド・コンセント（Informed Consent））。インフォームド・コンセントは、患者の知る権利や自己決定権を守ることを目的としています。以下、自己決定権と医師の説明義務が問題となった輸血拒否訴訟事件（最三判平成12年2月29日民集54巻2号582頁参照）を取り上げます。

　本事件の概要は以下の通りです。

　Xさんは「エホバの証人」の信者であり、宗教上の信念から、いかなる場合にも輸血を受けることは拒否するという固い意思を持っていました。

　Xさんは悪性の肝臓血管腫と診断されたため、輸血をともなわない手術を受けることができる医療機関として国（Y1）が運営するB病院に入院しました。B病院では、患者の意思を尊重し、可能な限り輸血をしないこととしつつ、輸血以外には救命手段がない場合は、患者およびその家族の同意の有無にかかわらず輸血する、という方針でしたが、B病院の医師（Y2）は、当該方針をXさんに説明しませんでした。

　Xさんの手術を実施した際、Y2医師は輸血をしない限りXさんを救うことができないと判断する状況に至ったことから、輸血を実施し、手術自体は成功しました。しかし、退院時に輸血を実施した事実を知ったXさんは、輸血の可能性がある旨を説明せずに、Xに本件手術を受けさせ、実際に輸血を

---

[2] 高橋和之「立憲主義と日本国憲法（第6版）」有斐閣　2024年　第157頁

実施したことにより、Xの自己決定権および信教上の良心を侵害したと主張し、病院を運営する国Y1および医師Y2に対し、損害賠償を請求（請求額は1,200万円）しました。

少し長くなってしまいますが、第1審から最高裁までの判断を以下に説明します。

第1審の東京地方裁判所は、「医療が患者の治療を目的とし救命することを第一の目標」としており「人の生命は崇高な価値」があり、「医師は患者に対し可能な限りの救命措置をとる義務がある」旨を認定し、Xさんの請求を棄却しました。

一方、第2審の東京高等裁判所は「本件のような手術を行う」には「患者の同意が必要であり、医師がその同意を得るについては、患者がその判断をする上で必要な情報を開示して患者に説明すべきものである」とし、「この同意は、各個人が有する自己の人生のあり方（ライフスタイル）は自らが決定することができるという自己決定権に由来するものである」「人はいずれは死すべきものであり、その死に至るまでの生きざまは自ら決定できるといわなければならない」。本件においては「手術をしたからといって必ずしも治癒が望めるというものではなかった（現に訴訟係属中にXさんは死亡し、親族が訴訟を引き継いでいました）。この事情を勘案すると、相対的無輸血の条件下でなお手術を受けるかどうかの選択権は尊重されなければならなかった」として、請求を一部認容しました（50万円の限度で認容）。

そして最高裁も「医師らが、（Xさんの）肝臓の腫瘍を摘出するために、医療水準に従った相当な手術をしようとすることは、人の生命及び健康を管理すべき業務に従事する者として当然のことであるということができる」としつつ、「しかし、患者が、輸血を受けることは自己の宗教上の信念に反するとして、輸血を伴う医療行為を拒否するとの明確な意思を有している場合、このような意思決定をする権利は、人格権の一内容として尊重されなければならない」とし、Xさんが「宗教上の信念からいかなる場合にも輸血を受けることは拒否するとの固い意思を有しており、輸血を伴わない手術を受けることができると期待して病院に入院したことを医師らが知っていたなど本件の事実関係の下では」医師らは輸血を実施する可能性がある旨を説明し、病

院への入院を継続した上でＹ２医師の下で本件手術を受けるか否かをＸさんの「意思決定にゆだねるべきであったと解するのが相当である」として、東京高等裁判所の判断を是認（損害賠償を 50 万円の限度で認容）しました。

担当医のＹ２の立場からすれば、説明義務を果たすことによってかえって適切な医療を受ける機会を失わせることを懸念し、あえて輸血の可能性があることについて説明をしなかったとも思われますが、それ以上に、自分の人生をどのように生きるのかという決定権（それが結果として命を縮めるとしても）が極めて重要であることを、上記最高裁の判断は示しています。

（２）未確立の療法についての説明義務と自己決定権（最判平成 13 年 11 月 27 日）

本件も患者の自己決定権が問題となったケースです。

Ａさんは、平成 3 年に乳がんと診断され、乳がんの専門医であるＹ医師から、胸筋温存乳房切除術が適応であると判断し、乳房を全部切除するが、胸筋は残すとの説明を受けていました。当時の日本において、乳がんの標準的手術は胸筋温存乳房切除術であって、乳房温存療法は未確立でしたが、一方で平成元年 4 月当時の厚生省の助成により「乳房温存療法実施要綱」が策定され、臨床的研究が開始されていました。Ｙ医師は、Ａさんが乳房温存療法の適応可能性があることや、同療法が医師間で積極的に評価されていること等も認識しており、Ｙ医師自身も一度温存療法による手術経験がありました。またＡさんは、入院後「乳がんと診断され、生命の希求と乳房切除のはざまにあって、揺れ動く女性の心情の機微を書きつづった」手紙をＹ医師に渡していました。

このようにＹ医師は、Ａさんが乳房温存に強い関心（希望）を有していることを認識していましたが、当初の説明通りに、胸筋温存乳房切除術を実施しました。これに対し、自分が乳房温存療法を希望していたのに、Ｙ医師がその説明を十分に行わないまま、自己の意思に反して手術を実施したとして、不法行為（709 条）に基づく損害賠償 1191 万円を請求した、というのが本件です。

第 1 審の大阪地裁はＹ医師に説明義務違反があったとして、250 万円の限

度で損害賠償請求を認めましたが、第2審の大阪高等裁判所は、当時、乳房温存療法は安全性が確立されていたとはいえず、Y医師が「控乳房温存療法実施における危険を犯してまで同療法を受けてみてはどうかとの質問を投げかけなければならない状況には」至っていなかったとして、Aさんの請求を棄却しました。

　最高裁は、まず未確立の療法に対する説明義務について、「実施予定の療法（術式）は医療水準として確立したものであるが、他の療法（術式）が医療水準として未確立のものである場合には、医師は後者について常に説明義務を負うと解することはできない」との一般論を示しつつも、例外的に未確立の術式についても説明義務を負う場合があるとし、本件の場合は「手術により乳房を失わせることは、患者に対し、身体的障害を来すのみならず、外観上の変ぼうによる精神面・心理面への著しい影響ももたらすものであって、患者自身の生き方や人生の根幹に関係する生活の質にもかかわるものであるから、胸筋温存乳房切除術を行う場合には、選択可能な他の療法（術式）として乳房温存療法について説明すべき要請は、このような性質を有しない他の一般の手術を行う場合に比し、一層強まるものといわなければならない」とし、本件の事実関係の下においてはY医師は「診療契約上の説明義務を尽くしたとはいい難い」とし、事件を大阪高等裁判所に差し戻しました（その後、大阪高等裁判所は120万円の限度で損害賠償請求を認めました）。

　最高裁が、「患者自身の生き方や人生の根幹に関係する生活の質」と表現したように、クオリティオブライフ（QOL）と、どのような人生をどのように生きるかに関する基本的に重要な決定をなしうる権利、すなわち自己決定権を尊重する姿勢が見て取れます。

第4講

幸福追求権
（名誉権・プライバシー権）

> **憲法第13条（幸福追求権）**
> すべて国民は、個人として尊重される。生命、自由及び**幸福追求に対する国民の権利**については、公共の福祉に反しない限り、立法その他の国政の上で、最大の尊重を必要とする。

　第3講において、憲法13条が定める幸福追求権は、14条以下の個別的人権としては規定されていない「新しい人権」の根拠となる包括的権利（基底的権利）であると説明しました。本講のテーマである「名誉権」および「プライバシー権」は14条以下に明示されてはいませんが、憲法13条の幸福追求権を根拠にいずれも憲法上の権利として認められていると考えられています。

　そして、名誉権もプライバシー権も憲法21条が定める、表現の自由との関係で問題となります。例えば「報道の自由」が憲法21条1項によって保障される表現の自由の一内容であることに現在争いはありません[1]。報道の自由が重要であることに間違いはないのですが、一方で報道によって個人のプライバシーが世間に公表されてしまったり、名誉が傷つけられてしまったりすることもありますから、表現の自由と名誉権およびプライバシー権は緊張関係にあります。

---

[1] 最高裁は、「報道機関の報道は、民主主義社会において、国民が国政に関与するにつき、重要な判断の資料を提供し、国民の『知る権利』に奉仕する」と判示しています（最判昭和44年11月26日、博多駅テレビフィルム提出命令事件）。

28　第4講　幸福追求権（名誉権・プライバシー権）

　また、医療者を目指す皆さんは、将来、診療録等の診療記録や介護関係記録に記載された病歴等の要配慮個人情報を含む、さまざまな個人情報に接する機会も多いでしょう。本講においては、新しい人権としての「名誉権」と「プライバシー権」について概観します。

4.1　名誉権

（1）名誉および名誉権

　「名誉」という言葉それ自体は日常用語として聞くこともあると思います。法的には名誉とは「人に対する社会的評価」を意味し[2]、「名誉権」は、みだりに社会的評価を害されない権利であるといえます。

（2）表現の自由との関係 ——北方ジャーナル事件

　冒頭に述べた通り、名誉権は表現の自由との関係で問題となり、この点が正面から問題となった、北方ジャーナル事件（最判昭和61年6月11日、民集40巻4号872頁）を紹介します。

　旭川市長を11年間務めたAさんは、北海道知事選挙に立候補の予定をしていました。ところが、Aさんの名誉を毀損するような内容が記載された雑誌「北方ジャーナル」の4月号が発行されようとしていたことから、Aさんは北方ジャーナル4月号の印刷および販売を差し止めるよう、札幌地方裁判所に申し立て、同裁判所はこれを認めました。

　これに対し、北方ジャーナルの発行人であるXが、北方ジャーナル4月号の印刷および販売の差し止めを認めた裁判所（国）の判断は、Xの表現の自由を侵害したものであるとして、国に対し損害賠償（国家賠償）を求めた事件です[3]。

---

[2]　日本語としての「名誉」は「よい評判を得ること」といった意味で定義されます（新村出編「広辞苑（第7版）岩波書店 2018年 2877頁）。
[3]　日本国憲法17条は「何人も、公務員の不法行為により、損害を受けたときは、法律の定めるところにより、国又は公共団体に、その賠償を求めることができる。」と国家賠償について規定し、それを受けて法律としての「国家賠償法」が制定されています。詳細は本書第15講参照。

本事件において最高裁は、まず「社会から受ける客観的評価である名誉を違法に侵害された者は」「人格権としての名誉権に基づき」名誉権に対する「侵害行為の差止めを求めることができる」とし、「名誉は生命、身体とともに極めて重大な保護法益であり、人格権としての名誉権は、物権の場合と同様に排他性を有する権利」であるとして、名誉権の重要性を認めました。

　そして最高裁は、「言論、出版等の表現行為により名誉侵害を来す場合には、人格権としての個人の名誉の保護（憲法13条）と表現の自由の保障（同21条）とが衝突」することから「その調整を要する」ので、いかなる場合に規制が許されるかは「憲法上慎重な考慮が必要」であるとしています。

　以上の最高裁の判旨から、本事件では憲法上の権利である「名誉権」（憲法13条）と、同じく憲法上の権利である「表現の自由」（憲法21条1項）が対立関係にあることがわかります。最高裁が「憲法上慎重な考慮が必要」としたのは、対立関係にある双方がともに憲法上の権利であるためです。

　そのうえで最高裁は、出版物の「事前差止め」は「対象が公務員又は公職選挙の候補者に対する評価、批判等の表現行為に関するものである場合には」「その表現が私人の名誉権に優先する社会的価値を含み憲法上特に保護されるべきであることにかんがみると、当該表現行為に対する事前差止めは、原則として許されない」としつつ、一方で「その表現内容が真実でなく、又はそれが専ら公益を図る目的のものでないことが明白であつて、かつ、被害者が重大にして著しく回復困難な損害を被る虞（おそれ）があるときは、当該表現行為はその価値が被害者の名誉に劣後する」として、「例外的に事前差止めが許される」との判断基準を示し、結論としては、本件の記事は「ことさらに下品で侮辱的な言辞による人身攻撃等を多分に含むものであつて、到底それが専ら公益を図る目的のために作成されたものということはできず、かつ、真実性に欠けるものであることが」「明らかであつた」として販売の事前差し止めは違法ではないとし、Xの請求を棄却しました。

　このように最高裁は「人格権としての個人の名誉の保護（憲法13条）」としており、憲法13条から導かれる憲法上の人権（新しい人権）としての名誉権を認め、さらには生命、身体とともに極めて重大な保護法益（権利）であるとしました。

第8講で説明しますが、表現の自由、特に政治的表現の自由は非常に重要です。もっとも、本事件において問題となった記事の具体的内容を踏まえ、最高裁は事前差し止めも違法ではないとしました。

4.2 プライバシー権

(1) プライバシー権とは

「名誉」と同じく「プライバシー」も日常用語とし使用されることもあり、論者によってもその意義や保障される範囲はさまざまですが、私生活領域への他人の干渉を排除し、私生活上の事実を無断で公表されない権利が、プライバシー権に含まれることに争いはありません。

そして、プライバシー権も名誉権と同様に、表現の自由との関係で問題となることが多いのですが、『事後的なプライバシー権の回復が不可能』という点が、名誉権との違いの一つです。名誉権の場合、侵害行為によって名誉が侵害されたとしても（社会的評価が低下させられたとしても）、謝罪広告等によって名誉の回復を図ることは可能です。実際、名誉権が侵害されたとして、損害賠償を請求する場合、あわせて謝罪広告を求めることもままあります。

一方でプライバシー権の保護対象は「私生活上の事実」であり、これが一度侵害された場合（私生活上の事実が公開されてしまった場合）、もはやこれを回復することはできません。プライバシー権侵害に対する損害賠償請求が認められ、加害者側から謝罪を受けたとしても、一度公表された私生活上の事実を取り戻すこと（人々の記憶から消去すること）は不可能だからです。

(2) 新しい人権としての「プライバシー権」

実は最高裁は「プライバシー権」を判決において明示したことはありません。

もっとも、最高裁の各判断をみると実質的にはプライバシー権を国家に対する人権として保障していると考えられます。その一つの例が、京都府学連事件です（最大昭和44年12月24日刑集23巻12号1625頁）。同事件は、公権力との関係で、個人の容貌を正当な理由なく撮影されない権利、が問題と

なったケースです。

　京都府学連がデモ行進を行うにあたり、京都府公安委員会から事前に許可条件が示されていました。警察官がデモ行進の様子を監視していたところ、当該許可条件に反するような行為があったとし、警察官はデモ隊の先頭の進行状況を写真によって撮影しました。これに対しデモに参加していたXさんは、警察官の写真撮影に抗議するとともに、持っていた旗竿で警察官の顎を突き全治一週間の怪我を負わせたことから、Xさんは公務執行妨害罪等で逮捕・起訴されました。裁判においてXさんは、本人の承諾なしに、無断で個人の容ぼうを撮影されない権利があるとし、そもそも警察官の写真撮影は適法な職務執行行為ではないと主張しました。

　この点最高裁は、結論としては、本件における写真撮影は適法な職務執行行為であったとしてXさんの主張を排斥しましたが、その判断過程において、憲法13条は「すべて国民は、個人として尊重される。生命、自由及び幸福追求に対する国民の権利については、公共の福祉に反しない限り、立法その他の国政の上で、最大の尊重を必要とする。」と規定しており、「これは、国民の私生活上の自由が、警察権等の国家権力の行使に対しても保護されるべきことを規定しているものということができる。そして、個人の私生活上の自由の一つとして、何人も、その承諾なしに、みだりにその容ぼう・姿態（以下「容ぼう等」という）を撮影されない自由を有するものというべきである。これを肖像権と称するかどうかは別として、少なくとも警察官が、正当な理由もないのに、個人の容ぼう等を撮影することは、憲法13条の趣旨に反し、許されないものといわなければならない。」と判示し、個人の私生活上の自由として、「承諾なしに、みだりにその容ぼう・姿態・・・を撮影されない自由」が、憲法13条によって保障される人権である旨を認めました。

　それ以外にも最高裁は、指紋押捺事件（最判平成7年12月15日）において「憲法13条は、国民の私生活上の自由が国家権力の行使に対して保護されるべきことを規定」しており「個人の私生活上の自由の一つとして、何人もみだりに指紋の押なつを強制されない自由を有する」とし、住基ネット事件（最一判平成20年3月6日民集62巻3号665頁）でも、「憲法13条は、国民の私生活上の自由が公権力の行使に対しても保護されるべきことを規定」

しており「個人の私生活上の自由の一つとして、何人も、個人に関する情報をみだりに第三者に開示又は公表されない自由を有する」と判示するなど、各種の判例から、最高裁も実質的には公権力に対する人権（憲法上の権利）としてのプライバシー権を、憲法13条から導かれる新しい人権として認定していると考えられます。

（3）職業上知り得た秘密の漏洩

医療現場における患者のプライバシー保護が重要であることは言うまでもありませんが、これを医療者側からみると、患者のプライバシーを保護すること、つまり守秘義務が極めて重要であるということを意味します。以下、看護師が、職務上知り得た患者の病状等を家族に話してしまったことが、病院に対する損害賠償請求訴訟を招いたケースを紹介します。

［事案の概要］

Xさんの子であるAさんは、ユーイング肉腫に罹患し、平成18年以降、Yが開設し管理する病院への入通院をしていました。看護師Bは、同病院でAを担当する看護師でしたが、平成20年6月頃に自分の夫のCに対し「大変に重い病気にかかっている若い子がおり、母親（Xさん）は、夜の仕事をしていて、仕事が終わり朝少し休憩した後、看護のため付き添っている。うちにも子供が3人いるが、もしそういうことが起きたら私たちにはそんなことできない。」との趣旨を、母親が経営している飲食店の名称とともに話しました。夫Cは、Bに対し、Xさんの経営する飲食店の名前を聞いて、その店に行ったことがあるかもしれないと発言していましたが、看護師Bは、Cに対し、特に口止め等はしませんでした。

Cは平成20年7月にXさんの経営する飲食店に行き、Xさんに対し「娘さん、長くないんだって。」、「あと半年の命なんやろ。」などと発言したことからXさんは驚き、Cを問いただすと「俺は病院関係者に知り合いがいる。病院関係者はカルテを見れば余命がだいたい分かるんだ。」などと話した。Xさんは、医師からはAさんが回復不可能であることも余命も聞かされていなかったにもかかわらず、客として訪れた病院関係者でもないCから突然上記

のようなことを聞かされたため、Aの今後のことについて不安等を感じ、Xさんの秘密が漏洩されたことから病院への信頼を失い、Yの開設する病院から転院することになりました。その後Aさんは体調を崩し、平成20年12月ユーイング肉腫により亡くなりました。Xさんは、看護師Bの情報漏洩によって精神的苦痛を受けたとして、看護師Bを雇用していたYに対し、損害賠償請求訴訟を提起しました。

[裁判所の判断]
　この点第1審の大分地方裁判所は、Bには、Aの秘密を夫Cに漏洩し、口止めもしなかったことにつき過失があるとして、看護師Bは損害についての責任を負うとした一方、BとCの夫婦間における私的な会話であることを理由として、病院開設者のYに対する請求は棄却しました。
　これに対し第2審の福岡高裁は、まず看護師Bについて「夫婦間の会話において、互いの職業上体験した事実が話題になることはあり得る」が、「Aの病状の重大性からすると、大変重い病気にかかっていることや余命については、医師がその判断によって本人や控訴人等の親族に告知する以外の方法でこれが明らかにされることを避けるべき必要性が高く、高度の秘密として秘匿すべきことはいうまでもなく、このように秘匿すべき程度の高い秘密を、その個人が特定できる形で漏洩し、そのことが伝播する可能性を認識しながら口止めもしなかったというのは、軽率のそしりを免れない。」と厳しく批判し、看護師Bの責任を肯定しました。さらに病院開設者Yについても、Yが「個人情報管理規程の制定、職員への周知、備え置きをしていたこと及びBに誓約書を作成、提出させていたこと」や、Bに対して「病院で知り得た個人情報の漏洩など、守秘義務に違反しないこと」等を誓約する旨の誓約書を作成、提出させた事実は認めつつも、Bへの「指導が」「秘密の漏洩の意味やそのおそれについて具体的に注意を喚起するものであったとは考えられず」「守秘義務に対する」Yの認識は不十分であり、その指導も不十分であったとして病院開設者Yの責任も肯定し、弁護士費用を含め110万円の限度で賠償義務を認めました。
　医療機関で取り扱う情報がいかに秘匿性の高いものであるかが、理解でき

ます。

　なお、守秘義務違反は民事上の責任のみにとどまらず、行政上、刑事上の責任を問われる場合があります。医療職として職務上知り得た情報、患者のプライバシー権は厳重に保護されるべきであり、プライバシー侵害（情報漏洩）は医療者として決して許されるものではありません[4]。

---

[4] 保健師助産師看護師法14条は「保健師、助産師若しくは看護師が第9条各号のいずれかに該当するに至つたとき、又は保健師、助産師若しくは看護師としての品位を損するような行為のあつたとき」、厚生労働大臣は、戒告や3年以内の業務の停止、免許の取消といった処分をすることができると規定しています。
　また、同法42条の2は「保健師、看護師又は准看護師は、正当な理由がなく、その業務上知り得た人の秘密を漏らしてはならない。保健師、看護師又は准看護師でなくなつた後においても、同様とする。」と規定し、同法44条の4は「第42条の2の規定に違反して、業務上知り得た人の秘密を漏らした者は、6月以下の懲役又は10万円以下の罰金に処する。」と刑事罰を課する旨を明らかにしています。

第5講

平等原則

憲法第 14 条（法の下の平等、貴族の禁止、栄典）

① すべて国民は、法の下に平等であつて、人種、信条、性別、社会的身分又は門地により、政治的、経済的又は社会的関係において、差別されない。

② 華族その他の貴族の制度は、これを認めない。

③ 栄誉、勲章その他の栄典の授与は、いかなる特権も伴はない。栄典の授与は、現にこれを有し、又は将来これを受ける者の一代に限り、その効力を有する。

　本講のテーマは「平等原則」です。平等という言葉それ自体は日常用語であり、日本語としては「かたよりや差別がなく、すべてのものが一様で等しいこと」を意味します[1]。

　それでは、憲法における「平等」とはどのような意味なのでしょうか。合理性のない差別（不平等）は是正されるべきですが、一方で個々人の能力や置かれている環境は現実問題としてさまざまであり、それらの差異を無視して、取り扱いだけを同じにしても「平等」は達成できません。

　本講では日本国憲法における「平等」の意味を説明したうえで、平等原則が問題となった最高裁の判例について概観します。

---

[1] 新村出編「広辞苑（第 7 版）」岩波書店 2018 年 第 2498 頁

5.1 平等の意味

　一口に平等といっても、憲法における「平等」の意味はさまざまです。以下、機会の平等と結果の平等、それを踏まえた実質的機会の平等について説明します。

（1）機会の平等と結果の平等 ——実質的機会の平等へ

　歴史の話になりますが、近代以前の社会においては、生まれながらにして、生き方や職業が「身分」によって縛られていました。

　「平等」はこのような身分制からの解放を目的として主張されたことから、平等とは、全ての個人に平等な『機会』が与えられること、すなわち『形式的な機会の平等』であると考えられました。

　もっとも、現実問題としての各個人の環境や能力はさまざまですから、『機会の平等』が保障されたとしても、その『結果』は平等にはなりません。しかし、結果として各個人の間に事実上不平等が生じたとしても（≒富める者と貧する者の間に経済格差が生じたとしても）、それは平等原則に反するものではない、と理解されました。そして事実として、19世紀においては、富める者と貧する者との間の経済格差が、著しく拡大しました。

　確かに、各個人の環境や能力が千差万別であるにもかかわらず、「結果の平等」を実現しようとすれば（経済格差が生じないようにしようとすれば）、自由権が著しく制限されてしまいますから、「結果の平等」は妥当ではないでしょう。

　しかし、形式的に機会の平等が保障されていたとしても、現実問題として、環境や条件によっては、その機会を利用することができない場合があります（そもそもスタート地点にすら立てない）。そこで、スタート地点に立つことについては平等に保障すべきではないか、実質的な機会の平等を保障すべきではないか、と考えられるようになりました。これが、機会の平等の実質化です。不平等な結果が生じている場合に、それが機会を利用できない機会の不平等を原因とするのであれば、機会の平等の実質化を図るべきであると考えられています。

（2）法の下の平等

　日本国憲法における平等権の中心的な規定は14条1項です。以下、14条1項の代表的な論点について説明します。

①「法の下」の平等 —法適用の平等と法内容の平等

　「法適用の平等」とは、文字通り法を平等に適用することを意味します。憲法14条1項は法の内容が平等であることまでを求めてはおらず、したがって、法の内容そのものが不平等であっても、その法を平等に適用すれば、それにより「法の下」の平等は達成されている、という考え方です。

　しかし、不平等な法を平等に適用したとしても、平等が実現しないことは明らかです。したがって「法の下」の平等は、法適用の平等ではなく、『法内容の平等』を意味すると解されています。

② 相対的平等と絶対的平等

　冒頭に述べた通り、現実としての各個人の置かれた立場や状況は一様ではありません。そうであるにもかかわらず、一切の区別ないし差別を禁止してしまう絶対的平等では、かえって不平等な結果となってしまいます。

　例えば、普通自動車の運転免許が取得できる年齢は18歳以上であり、18歳未満の人は普通自動車の免許は取得できません。もし憲法14条1項の平等が絶対的平等を意味するということであれば、18歳未満の人にも運転免許の取得を認めなければ憲法14条1項違反、ということになりかねません。しかし、少なくとも一定の判断能力が備わるであろう年齢まで免許取得を制限することには、合理性が認められます。

　そこで憲法14条1項が規定する「平等」とは、各人の性別、能力、年齢、財産、職業、または人との特別な関係などの種々の差異を前提として、同一の事情と条件の下では均等に取り扱うことを意味する『相対的平等』であると理解されています。

　したがって、合理的な理由のない差別（恣意的な差別）は、憲法14条1項に反しますが、差別することに合理的な理由があれば、それは平等原則には反しないとされます。

③ 後段列挙事由について

　憲法14条1項後段は「人種、信条、性別、社会的身分又は門地により・・・

差別されない」と規定します。この『人種、信条、性別、社会的身分、門地』が、後段列挙事由といわれる部分です。

　まず、後段列挙事由はあくまで例示であって、後段列挙事由以外の事柄による差別も禁止されます（最大昭和 48 年 4 月 4 日刑集 27 巻 3 号 265 頁）。列挙事由以外の差別が常に許されるのであれば、不合理な差別を許容することとなってしまいますから、この点は事実上争いありません。なお、後段列挙事由は、歴史的に差別の対象となることが多かった差別事由を列挙しており、列挙事由による差別は特に禁止されている、というように特別な意味を読み込む見解もあります。

　人種とは、人間の皮膚の色・頭髪・身長・体形等による人類の区分単位であり、人種による差別が不合理であることは、もはや論じるまでもありません。本邦においても、アイヌ民族に対する差別の問題等があります。

　信条は、思想上や政治上の考え方、個人の基本的なものの考え方です。社会的身分とは、人が社会において占める継続的な地位を意味し、門地とは家系や血統等の家柄のことであり、社会的身分の一部と理解できます。14 条 2 項によって貴族制度は廃止されました。天皇および皇族も門地に該当すると思われますが、これは日本国憲法における例外として許容されています（日本国憲法の第 1 章に天皇についての規定があります）。

5.2 平等原則に関する判例

(1) 非嫡出子相続分差別事件（最判平成25年9月4日・民集67巻6号1320頁）

[前提]

本事件は遺産相続に関連し平等原則が問題となった事件です。本事件を理解するために必要な民法（相続法）の前提知識を押さえてください。

---
① 嫡 出 子：法律上、正式に結婚した夫婦から生まれた子
② 非嫡出子：法律上の婚姻関係にない男女の間から生まれた子
③ 相　　続：死亡した人（被相続人）の財産を一定の親族（相続人）が引き継ぐこと。
④ 相 続 分：相続できる分け前の限度

そして、平成13年当時の民法は、嫡出子と非嫡出子の相続分に関して以下のように規定していました。

民法900条（法定相続分）
　4号　子・・（中略）・・が数人あるときは各自の相続分は、相等しいものとする。ただし、**嫡出でない子の相続分は、嫡出である子の相続分の2分の1とする**（以下略）。

このように、当時の民法900条4号は、嫡出子と非嫡出子との間の相続分に差を設け、非嫡出子の相続分は嫡出子の相続分の2分の1（半分）としていました。当時の民法900条4号によると、例えば遺産が3,000万円で相続人が嫡出子2名であれば1人あたり1,500万円を相続できますが、1名が嫡出子、もう1名が非嫡出子である場合、嫡出子は2,000万円を相続する一方、非嫡出子は嫡出子の相続分の2分の1である1,000万円しか相続できない、ということになります。

この非嫡出子の相続分を嫡出子の相続分の2分の1とする民法900条4号

の規定が不合理な差別であり、憲法 14 条 1 項の平等原則に反するから無効であると主張されたのが、本事件です。

　最高裁はまず「憲法 14 条 1 項は、法の下の平等を定めており」「事柄の性質に応じた合理的な根拠に基づくものでない限り、法的な差別的取扱いを禁止する趣旨のものであると解すべき」であるとして、相対的平等の考え方を示しました。

　次に、相続制度については「国の伝統、社会事情、国民感情」「婚姻ないし親子関係に対する規律、国民の意識等を」「総合的に考慮した上で、相続制度をどのように定めるかは、立法府（※国会）の合理的な裁量判断に委ねられている」としつつ、「嫡出子と嫡出でない子との間で生ずる法定相続分に関する区別が」「立法府」の「裁量権を考慮しても、そのような区別をすることに合理的な根拠が認められない場合には、当該区別は、憲法 14 条 1 項に違反するものと解するのが相当である。」としました。

　そして最高裁は「現在に至るまでの間の社会の動向、わが国における家族形態の多様化や」「国民の意識の変化、諸外国の立法のすう勢」「嫡出子と嫡出でない子の区別に関わる法制等の変化」などを「総合的に考察すれば、家族という共同体の中における個人の尊重がより明確に認識されてきたことは明らかであるといえる。そして、法律婚という制度自体はわが国に定着しているとしても」「父母が婚姻関係になかったという、子にとっては自ら選択ないし修正する余地のない事柄を理由としてその子に不利益を及ぼすことは許され」ないとし、「立法府の裁量権を考慮しても、嫡出子と嫡出でない子の法定相続分を区別する合理的な根拠は失われていた」として、民法 900 条 4 号の規定は憲法 14 条 1 項に違反していた」と判示しました。

　本判決を踏まえ、平成 25 年 12 月民法 900 条 4 号は改正され、現在では、嫡出子と非嫡出子の間の相続分の差異は解消されています。

（2）尊属殺重罰規定違憲判決（昭和 48 年 4 月 4 日刑集 27 巻 3 号 265 頁）

　本件は、実父から夫婦同様の生活を強いられていた Y が（実父の子供を複数人産んでいました）、実父を殺害したという事案です。Y が、勤務先で出会

った男性との結婚を希望しましたが、実父はYを脅迫し、従前と同じ行為を強要しようとし、さらに暴力的な行為に出ようとしたことから、Yは実父を絞殺し、直ちに自首をしました。

昭和48年当時の刑法には尊属殺（刑法200条）が規定されており、尊属殺人罪の法定刑は死刑または無期懲役のみでした。「尊属」とは、本人からみた両親および祖父母であり、当時の普通殺人罪（刑法199条）の法定刑は、死刑および無期とともに、3年以上有期懲役刑が規定されていましたから、尊属殺は普通殺人罪に比べて非常に重い法定刑を定めていました。本件においてYが殺害したのは実父ですから、Yにとっての尊属に該当し、尊属殺規定が無効と判断されない限り、普通殺人罪ではなく尊属殺が適用されます。

第1審の宇都宮地裁は、尊属殺規定は憲法14条1項に反するので無効とし、普通殺人罪についても心神耗弱等[2]を理由として、刑を免除しました。これに対し第2審の東京高裁は、尊属殺規定は憲法14条1項に違反しないとしてYに尊属殺を適用したうえで、心神耗弱等は認めて、懲役3年6月の実刑に処しました。

当時、元々尊属殺自体が日本国憲法の理念にそぐわないとの批判もあったなか、Yの境遇の悲惨さもあって最高裁がどのような判断をするのかが注目されました。

この点最高裁はまず、尊属殺の立法目的について以下のように述べます。「刑法200条の立法目的は、尊属を卑属またはその配偶者が殺害すること」が「一般に高度の社会的道義的非難に値するもの」であるから、これを「通常の殺人の場合より厳重に処罰し、もつて特に強くこれを禁圧しようとするにある」。そして「尊属に対する尊重報恩は、社会生活上の基本的道義というべく」「刑法上の保護に値する」。「尊属の殺害は通常の殺人に比して一般に高度の社会的道義的非難を受けて然るべきである」。「被害者が尊属である」「こ

---

[2] 刑法39条1項は「心神喪失者の行為は、罰しない」、同2項は「心神耗弱者の行為はその刑を減刑する」と規定します。行為者が自分の行為の意味を理解し、その理解に基づいて自分の行動を制御することができる能力のことを責任能力といいます。刑法において、責任能力がないか、それが制限されている者に対し、責任能力を有する者と同様の処罰を行うことは認められていません。このような考え方を「責任なければ刑罰なし」といいます。刑事司法において責任能力がないことを心神喪失といい、責任能力が制限されていることを心神耗弱といいます。

とを類型化し、法律上、刑の加重要件とする規定を設けても、かかる差別的取扱いをもつてただちに合理的な根拠を欠くものと」はいえない。

　つまり、最高裁は尊属殺の立法目的それ自体は合理的であると判断しています。もっとも、結論としては、以下の通り尊属殺規定（刑法200条）は、憲法14条1項に違反し、無効であると判示しました。

「刑法200条は、尊属殺の法定刑を死刑または無期懲役刑のみに限つている点において、その立法目的達成のため必要な限度を遙かに超え、普通殺に関する刑法199条の法定刑に比し著しく不合理な差別的取扱いをするものと認められ、憲法14条1項に違反して無効である」。

　このように最高裁は、立法目的は正当であるが、それを達成するための手段としての法定刑の差が不合理であるとした訳です。その結果、Yに対しては懲役2年6月、執行猶予3年の判決が言い渡されました。

　同最高裁の判決から22年後の平成7年の刑法改正により尊属殺規定は削除されました[3]。

（3）混合診療禁止の原則と憲法14条（最判平成23年10月25日）

　混合診療とは、ある疾患に対して保険診療と保険外診療とを組み合わせて診療を行う場合をいいますが、厚生労働省は一部の例外を除いて混合診療を禁止しています。したがって、混合診療禁止の原則に反して混合診療を行った場合、保険外診療部分に加えて併用された保険診療部分についても保険適用がされずに自費診療となり、全て患者の自己負担となります。

　このような混合診療を原則として禁止する健康保険行政上の取り扱いが、健康保険法の他、憲法14条に違反する旨が主張されたのが本事件です（最判平成23年10月25日）。

　上記の主張に対し、最高裁は、混合診療禁止の原則は健康保険法に反しないとし、憲法14条等違反の主張についても、「健康保険により提供する医療

---

[3]　昭和44年4月4日の判決において憲法違反とされた尊属殺規定が、平成7年まで削除されなかったのは、同判決が、被害者が尊属であることを刑の加重要件とすること自体は憲法違反ではないとしていたため、尊属殺規定を残したまま法定刑のみを変更する（有期懲役を付加する等）か、尊属殺規定そのものを削除するかで、議論があったためです。

の内容については、提供する医療の質（安全性及び有効性等）の確保や財源面からの制約等の観点から、その範囲を合理的に制限することはやむを得ないものと解され、保険給付の可否について」は、例外に該当する場合を除いて、混合診療の場合「保険給付を一切行わないものとしたことには一定の合理性が認められるものというべきであって、混合診療保険給付外の原則を内容とする法の解釈は、不合理な差別を来すものとも、患者の治療選択の自由を不当に侵害するものともいえ」ないとし、憲法違反の主張を退けました。

第6講

信教(宗教)の自由

> **憲法第 20 条（信教の自由）**
> ① 信教の自由は、何人に対してもこれを保障する。いかなる宗教団体も、国から特権を受け、又は政治上の権力を行使してはならない。
> ② 何人も、宗教上の行為、祝典、儀式又は行事に参加することを強制されない。
> ③ 国及びその機関は、宗教教育その他いかなる宗教的活動もしてはならない。

　「信教」という言葉はあまり日常的にはあまり使用されませんが、これは「宗教の自由」と同じ意味です。日本国憲法は憲法 20 条によって「信教の自由」を保障しています。信教の自由それ自体は、実は明治憲法においても保障されていましたが[1]、明治憲法下においては神道が事実上国教として取り扱われるなど、その保障は十分ではありませんでした。

　第二次大戦後、神道を事実上国教として取り扱うことは否定され、信教の自由を十全に保障すべく、日本国憲法において憲法 20 条が規定されました。

　また、憲法 20 条 3 項（および 20 条 1 項後段および 89 条）は「政教分離原則」を規定しています。政教分離原則は、国家の宗教的中立性を求めるものですが（議論はあるものの）、人権規定ではなく後述の通り、『制度的保障』であると考えられています。

　本講においては、人権規定としての信教の自由と、制度的保障としての政

---

[1] 明治憲法 28 条は「日本臣民ハ安寧秩序ヲ妨ケス及臣民タルノ義務ニ背カサル限ニ於テ信教ノ自由ヲ有ス」と規定していました。

教分離原則について、説明します。

6.1 人権としての信教の自由

憲法20条1項が定める「信教の自由」により、①信仰の自由、②宗教的行為の自由、③宗教的結社の自由の3つが保障されています。

（1）信仰の自由
① 前提

信仰の自由とは、宗教を信仰することまたは信仰しないことを国家によって強制されない自由を意味します。例えば、江戸時代においてはキリスト教を信仰することが禁止され、いわゆる踏み絵等が実施されていましたが、これは信仰の自由を正面から侵害する行為であり、日本国憲法下においては許されないことは当然です。

実際のところ日本国憲法下においては、上記の踏み絵のように、特定の宗教を信仰するよう、または信仰しないよう直接的に強制することは、あまり想定されません。信仰の自由の侵害が問題となるのは、このような直接的な規制ではなく、特定の宗教を信仰する者が、法や何らかのルールに基づいて一定の行為をなすように命じられたりした場合に、当該行為を行うことが信仰に反するようなケースです。実際にこの点が問題となったのが、剣道受講拒否事件（最二判平成8年3月8日民集50巻3号347頁）です。

② 事案の概要

神戸市立工業高等専門学校（以下「神戸高専」といいます）の学生であるXさんは、「エホバの証人」の信者です。「エホバの証人」では絶対平和主義を教義としていたことから、Xさんは、格技である剣道実技に参加できないとして、レポート提出等の代替措置を認めてほしい旨を申し入れました。しかし、神戸高専のY校長は同申し出を認めず代替措置を取りませんでした。Xさんは準備体操等は行ったものの、絶対平和主義の協議に基づき、剣道実技には参加しなかったため欠席扱いとなりました。その結果、必修科目である保健体育の成績が認定されず、Y校長はXさんを原級留置処分としました。

翌年度も同様の状況であったことから、Y校長はXさんを再度原級留置処分とし、「2回連続」の原級留置処分を退学事由として、Xさんを退学処分としました。

これに対しXさんは、上記2回の原級留置処分と、それを前提とした退学処分（以下「本件各処分」といいます）は、Xさんの信教の自由を侵害するものであるとして、本件各処分の取消しを求めて訴訟を提起しました。

ここで、本事件の図式を整理します。本事件においてXさんが主張したのは、憲法20条1項が保障するXさんの信仰の自由ですが、それでは、Y校長がレポート提出等の代替措置を取らなかったのはなぜでしょうか。そこには憲法20条3項が保障する政教分離原則が関係しています。

政教分離原則は、国家は主教的に中立でなければならない原則を意味します。もし公権力が、特定の宗教を信仰していることを理由として、当該宗教の信者に対しては、法によって課せられる義務を免除した場合、見方によっては、当該宗教を優遇している、ということになります。そうすると、公権力の宗教的中立性が害されてしまい、それは政教分離原則に反しないのか、ということが問題になるわけです。本件に即していえば、エホバの証人の信者に対して剣道実技を免除することが（エホバの証人の信者以外の者に比べて）エホバの証人の信者を優遇することになり、それが政教分離原則に反するのではないか、ということになります。

後述の通り、政教分離原則は、信教の自由を保障するための制度ですが、エホバの証人の信者である生徒に剣道実技を免除することは、政教分離原則に反し許されないのではないか、ということが問題となりました。

③ 判旨

最高裁は、「高等専門学校においては、剣道実技の履修が必須」「とまではいい難く、体育科目による教育目的の達成は、他の体育種目の履修などの代替的方法によって」「も性質上可能」である一方、Xが剣道実技への参加を拒否する理由は、被上告人の信仰の核心部分と密接に関連する真しなもの」であったとしました。Y校長が代替措置をとることが政教分離原則に反しないか、という点については「信仰上の真しな理由から剣道実技に参加することができない学生に対し、代替措置として、例えば、他の体育実技の履修、レ

ポートの提出等を求めたうえで、その成果に応じた評価をすることが、その目的において宗教的意義を有し、特定の宗教を援助、助長、促進する効果を有するものということはできず、他の宗教者または無宗教者に圧迫、干渉を加える効果があるともいえないのであって、およそ代替措置を採ることが、その方法、態様のいかんを問わず、憲法20条3項に違反するということができないことは明らかである」として、政教分離原則に関するY校長の主張を排斥しました。

そのうえで最高裁は「信仰上の理由による剣道実技の履修拒否を、正当な理由のない履修拒否と区別することなく、代替措置が不可能というわけでもないのに、代替措置について何ら検討することもなく」本件各「処分をした」Y校長の措置は、考慮すべき事項を考慮しておらず、または考慮された事実に対する評価が明白に合理性を欠き、その結果、社会観念上著しく妥当を欠く処分をしたものと評するほかはなく、本件各処分は、裁量権の範囲を超える違法なもの」であるとして、Xさんの主張を認めました。

政教分離原則は重要ですが、後述の通り、その趣旨は他宗教への圧迫等を避ける点にあります。Xさんが本件各処分によって被ったのは退学処分という極めて大きな不利益ですから、最高裁が指摘する通り、政教分離原則に配慮したうえで、代替措置をとるべき事案であったと考えられます。

(2) 宗教的行為の自由

宗教的行為の自由とは、儀式や礼拝等に実施ないし参加し、または参加しない自由を意味します。そして、信仰の自由と同じく、現代において、公権力が何らかの宗教的行為への参加を強制したり、または不参加を強要したりする場面はほとんどありません。問題となるのは、何らかの行為を法令によって禁止された場合に、当該禁止された行為が宗教的行為に該当する場合です。これに関連し、宗教的行為である加持祈祷が傷害致死罪に該当したケースを取り上げます(最大昭和38年5月15日)。

被告人である真言宗の僧侶であるYは、少女のAさんが異常な言動を示したので、その平癒のために加持祈祷をしてもらいたいとAさんの親から依頼を受けました。依頼を受けたYは一週間程加持祈祷を行いましたが、Aさん

が治癒しなかったため、YはAさんの自宅に護摩壇を設けて壇上で線香を焚き、護摩壇の至近距離にAさんを座らせて加持祈祷を行いました。熱さのためにAさんが暴れだすと、Aさんの身体を取り押さえさせたり、Aさんの手足を縛らせたりして、線香の火にあたらせ「ど狸はやく出ろ！」と怒鳴りながらAさんを殴る等の暴力を加えました。その結果Aさんは、熱傷および皮下出血を負い、その後心臓麻痺のためにAさんは亡くなってしまったため、僧侶のYが傷害致死罪[2]に問われたのが本事件です。同事件において被告人のYは、信教の自由（宗教的行為の自由）は絶対的に保障されており、Yの行為は宗教者としての正当な業務行為であるから違法性がなく、無罪であると主張しました。

　最高裁は「憲法20条1項は信教の自由を何人に対してもこれを保障」しており、「信教の自由が基本的人権の一として極めて重要なものであることはいうまでもない」としつつ、「基本的人権」「を濫用してはならないのであつて」「信教の自由の保障も絶対無制限のものではない。」「被告人の本件行為は、被害者Aの精神異常平癒を祈願するため、線香護摩による加持祈祷の行としてなされた」が、「被告人の右加持祈祷行為の動機、手段、方法およびそれによって右被害者の生命を奪うに至つた暴行の程度等は、医療上一般に承認された精神異常者に対する治療行為とは到底認め得ない」。「被告人の本件行為」が「一種の宗教行為としてなされたもの」であっても、それが「他人の生命、身体等に危害を及ぼす違法な有形力の行使に当るものであり、これにより被害者を死に致したものである以上、被告人の右行為が著しく反社会的なものであることは否定し得ず」「憲法20条1項の信教の自由の保障の限界を逸脱したもの」であり、「これを刑法205条に該当するものとして処罰したことは、何ら憲法」に反しないとしました。

　いくら信教の自由（宗教的行為の自由）が重要な人権であったとしても、それが外部的行為である以上絶対無制約ではありません。しかも、Yの主張を是としてしまっては、「宗教的行為に該当すればそれが刑罰法規に反しても、罪に問われない」ことになりかねませんから、本件における最高裁の判断は

---

[2]　刑法205条（傷害致死）は「身体を傷害し、よって人を死亡させた者は、3年以上の有期懲役に処する。」と定めます。

妥当であるといえるでしょう。

(3) 宗教的結社の自由

　宗教的結社の自由とは、同じ宗教を信仰する人が集まり、宗教団体を設立する自由であり、団体に参加する自由や参加しない自由、脱退する自由も含まれます。

　宗教的結社の自由が問題となったケースとしては、オウム真理教解散命令事件（最判平成 8 年 1 月 30 日・民集 50 巻 1 号 199 頁参照）があります。宗教法人オウム真理教は、大量殺人を目的としてサリンを生成したこと等を理由として、宗教法人法 81 条 1 項 1 号及び 2 号前段[3]に基づき宗教法人としての解散が命じられたため、同法同条が憲法 20 条が保障する宗教的結社の自由に反しないかが争われました。最高裁は、「(宗教法人法) 81 条に規定する宗教法人の解散命令の制度は」「専ら宗教法人の世俗的側面を対象とし、かつ、専ら世俗的目的によるものであって、宗教団体や信者の精神的・宗教的側面に容かいする意図によるものではなく、その制度の目的も合理的であるということができる。」とし、解散命令は憲法 20 条 1 項に反しない、と判示しました。

---

[3] 宗教法人法 81 条 1 項 1 号および 2 号は以下のように定めます。
「裁判所は、宗教法人について左の各号の一に該当する事由があると認めたときは、所轄庁、利害関係人若しくは検察官の請求により又は職権で、その解散を命ずることができる。
一　法令に違反して、著しく公共の福祉を害すると明らかに認められる行為をしたこと。
二　第 2 条に規定する宗教団体の目的を著しく逸脱した行為をしたこと又は 1 年以上にわたつてその目的のための行為をしないこと。」

6.2 政教分離原則

（1）政教分離原則の意義と目的

政教分離原則とは、国家は宗教的に中立でなければならず、政治と宗教とは分離していなければならないとする原則です。日本国憲法は、以下の条文により政教分離原則を定めています。

> **憲法第 20 条**
> １項後段　いかなる宗教団体も、国から特権を受け、又は政治上の権力を行使してはならない。
> ３項　国及びその機関は、宗教教育その他いかなる宗教的活動もしてはならない。
>
> **憲法第 89 条**
> 　公金その他の公の財産は、宗教上の組織若しくは団体の使用、便益若しくは維持のため、又は公の支配に属しない慈善、教育若しくは博愛の事業に対し、これを支出し、又はその利用に供してはならない。

　国家と特定の宗教が密接に結びつくと、それ以外の宗教を信仰している人やそもそも宗教を信仰していない人々が心理的な圧迫を受ける危険性があります。そこで日本国憲法は政教分離原則を定め、信教の自由の保障がより十全なものとなることを企図しました。つまり、政教分離原則それ自体は個別の人権ではなく、信教の自由をよりよく保障することを目的とした制度であるといえます。

　このように、人権そのものではなく、人権を保障することを目的として憲法により保障された一定の制度を『制度的保障』といいます。最高裁も政教分離原則は「いわゆる制度的保障の規定であって、信教の自由そのものを直接保障するものではなく、国家と宗教との分離を制度として保障することにより、間接的に信教の自由を確保しようとするもの」であると判示し、制度的保障である旨を明らかにしています（津地鎮祭事件、最判昭和 52 年 7 月

13 日民集 31 巻 4 号 533 頁参照)。

(2) 政教分離原則の境界線

　日本国憲法において政教分離原則が定められ、公権力が宗教との中立性を求められるとしても、公権力が宗教と一切関わらないという訳にはいきませんし、そのようなことはそもそも不可能です。例えば、歴史的に価値の高い建造物は宗教に由来するものが多いですが、その保存に国家が一切関われない、というのは不合理でしょう。

　それでは公権力と宗教とは、どこまでであればその関わり合いが政教分離原則に反しない、とされるのでしょうか。

　この点について最高裁は、三重県の津市が主催した神式に則って挙行された市体育館の起工式が憲法 20 条 3 項の「宗教的活動」に該当するか否かが争われた前述の津地鎮祭事件において、「政教分離原則は、国家が宗教的に中立であることを要求するものではあるが、国家が宗教とのかかわり合いをもつことを全く許さないとするものではなく、宗教とのかかわり合いをもたらす行為の目的及び効果にかんがみ、そのかかわり合いが」「相当とされる限度を超えるものと認められる場合」に、政教分離原則に違反するとし、憲法 20 条 3 項が禁止する宗教的活動とは、「当該行為の目的が宗教的意義をもち、その効果が宗教に対する援助、助長、促進又は圧迫、干渉等になるような行為をいうものと解すべきである」としました（目的効果基準といいます）。そのうえで最高裁は、津市が主催した起工式は「宗教とかかわり合いをもつものであることを否定しえないが、その目的は」「工事の無事安全を願」う「専ら世俗的なものと認められ、その効果は神道を援助、助長、促進し又は他の宗教に圧迫、干渉を加えるものとは認められない」とし、憲法 20 条 3 項が禁止する宗教的活動にはあたらないと判示しました。

　最高裁の理解を前提とした場合、本来宗教に由来するものであっても、その効果が宗教に対する援助や助長、促進、圧迫にならない場合であれば、それに国家が関与していたとしても、政教分離原則には反しない、ということになります。

第7講

学問の自由

> **憲法第 23 条（学問の自由）**
> 　学問の自由は、これを保障する。

　本講で取り扱うのは「学問の自由」ですが、「学問の自由」を独立の条文を設けて保障している国は意外に多くありません。確かに、仮に学問の自由が独立の条文としては規定されていなくても、思想・良心の自由（憲法 19 条）や表現の自由（憲法 21 条）によって、学問の自由もカバーできるとも思えます。

　しかし日本国憲法においては、憲法 23 条を規定し、独立の条文として「学問の自由」を保障しました。これは本邦における過去の歴史が関係しています。明治憲法には学問の自由を保障した規定はなく、戦前においては、滝川事件（昭和 8 年）[1]や天皇機関説事件（昭和 10 年）など[2]、学問の自由が国家によって侵害された事例も多かったことから、日本国憲法においては独立の条文として「学問の自由」が保障されるに至りました。

　一方で、学問の自由が保障されている以上、学問に対する合理的理由のない規制は許されませんが、科学技術の著しい発展にともない、生態系に著しい悪影響を与える可能性のあるような研究や、クローン技術など倫理的な問

---

[1] 滝川事件とは、昭和 8 年当時の鳩山一郎文部相が、京都大学法学部教授の滝川幸辰教授の学説が共産主義的であるとして同教授を休職処分とし、その著書を発禁処分とした事件です。これに抗議した同学部の教授陣が辞表を提出し、学生による抗議運動が行われ学問の自由と大学の自治の保護が主張されました。
[2] 明治憲法の解釈論として、統治権は法人である国家に属し、天皇はその最高機関であるとする天皇機関説は不敬であるとして、同学説を主張する憲法学者美濃部達吉が攻撃され、著書 3 冊が発禁処分となったのが天皇機関説事件です。

題を有する研究等には、一定の歯止めをかける必要があることも事実です。

　また、学問の自由を保障する憲法23条は「大学の自治」も保障していると考えられています。本講においては、学問の自由の概要と問題点、そして大学の自治について概観します。

【参考 —滝川教授に対する休職処分の際の裁可書】[3]

7.1 学問の自由の内容

　学問の自由には、①学問研究の自由、②研究発表の自由、③教授の自由が含まれているとされています。

---

[3]　国立公文書館ホームページ
　　https://www.archives.go.jp/ayumi/photo.html?m=104&pm=5

（1）学問研究の自由

　学問研究は、研究の対象を決定・選択し、当該研究対象の内容に沿った方法によって進められます。

　国家による学問研究に対する介入は原則として許されるべきではありませんが、一方で既述の通り、倫理的な問題や生態系への問題等から、一定の制限ないし介入を実施するべきであることも否めません。具体的な制限として本邦では、クローン技術はクローン人間や交雑個体を作り出し、人の尊厳の保持、人の生命および身体の安全の確保並びに社会秩序の維持に重大な影響を与える可能性があることを踏まえ、平成12年に「ヒトに関するクローン技術等の規制に関する法律」が成立し、罰則をもって規制がされています。例えば、動物性集合胚（動物の胚（受精胚またはクローン胚）に人の細胞（ES細胞やiPS細胞など）を注入したもの）を使った研究は、同法に基づいて国が定めた「特定胚の取扱いに関する指針」を遵守して行う必要があります。同指針では、動物性集合胚でなければ得られない科学的知見が得られることを要件として、動物性集合胚の作成を可能としています[4]。

　その他、法律による規制以外にも、大学や学会による規制などがあります。

　研究の方法についても、個人情報を当該個人の同意なく利用する方法や、他者に危害が生じるような方法による研究は、いくら学問研究の自由が保障されているとしても、許されません。平成29年には臨床研究法が制定され、未承認・適応外の医薬品等の臨床研究や、製薬企業等から資金提供を受けた医薬品等の臨床研究（特定臨床研究）については、適切なインフォームド・コンセントの取得などが義務付けられています[5]。

---

[4] 厚生労働省のホームページを参照
　https://www.mext.go.jp/lifescience/bioethics/files/pdf/n2380_04.pdf

[5] 臨床研究法において、臨床研究は「医薬品等を人に対して用いることにより、当該医薬品等の有効性又は安全性を明らかにする研究（当該研究のうち、（中略）治験に該当するものその他厚生労働省令で定めるものを除く）をいう」と定義されます。臨床研究法の対象となる臨床研究から治験が除かれているのは、いわゆる薬機法およびGCP省令によって、別途規制がかけられているからです。

【臨床研究法に基づく臨床研究実施の流れ】[6]

```
┌─────────────────────────────────────────────────┐
│ 研究責任医師が、実施計画・研究計画書等を認定臨床研究審査委員会に提出 │
└─────────────────────────────────────────────────┘

┌─────────────────────────────────────────────────┐
│ 認定臨床研究審査委員会が実施計画・研究計画書等を審査                 │
└─────────────────────────────────────────────────┘

┌─────────────────────────────────────────────────┐
│ 研究責任医師が、厚生労働大臣に実施計画を提出                        │
│ （認定臨床研究審査委員会の意見書を添付）                            │
│ jRCT(Japan Registry of Clinical Trial) への登録・公開により行う     │
└─────────────────────────────────────────────────┘

┌─────────────────────────────────────────────────┐
│ 研究責任医師が特定臨床研究を実施                                   │
│ ⇒以下の事項について遵守することを義務付け                          │
│ ◎適切なインフォームド・コンセントの取得 │ ◎臨床研究実施基準           │
│ ◎記録の作成・保存                      │ ・臨床研究の実施体制・構造設備に関する事項 │
│ ◎研究対象者の秘密の保持                │ ・モニタリング・監査の実施に関する事項   │
│                                      │ ・健康被害の補償・医療の提供に関する事項 │
│                                      │ ・製薬企業等との利益相反管理に関する事項 等 │
└─────────────────────────────────────────────────┘
```

（2）研究発表の自由

　いくら学問研究の自由が保障されても、その研究内容を発表することができなければ、学問の自由を保障した実効性は確保されません。そこで、憲法23条は研究発表の自由をも保障していると理解されています（なお、第8講以下で説明する、「表現の自由」に基づく発表の自由と大きな差はないと考えられています）。

（3）教授の自由

　「教授の自由」は、教育の自由の意味であり、これが大学の教員等の高等研究教育機関の研究者に保障されることに争いはありません。ここで問題とな

---

[6] 厚生労働省ホームページ参照
　　https://www.mhlw.go.jp/content/10800000/000647734.pdf

るのは、初等中等教育機関（小学校、中学校、高校）の教師にも、教授の自由が保障されるのか、という点です。

この点に関し、いわゆる旭川学テ事件（最大昭和 51 年 5 月 21 日・刑集 30 巻 5 号 615 頁）において、最高裁は『「憲法の保障する学問の自由は、単に学問研究の自由ばかりでなく、その結果を教授する自由をも含むと解され」「普通教育の場においても」「子どもの教育が教師と子どもとの間の直接の人格的接触を通じ、その個性に応じて行われなければならない」ことから「一定の範囲における教授の自由が保障されるべきことを肯定できないではない」』とし、初等中等教育機関の教員についても、一定範囲で教授の自由が保障される旨を判示しました。一方で最高裁は、「大学教育の場合には、学生が一応教授内容を批判する能力を備えていると考えられるのに対し、普通教育においては、児童生徒にこのような能力がなく」「教育の機会均等をはかる上からも全国的に一定の水準を確保すべき強い要請があるから、普通教育における教師に完全な教授の自由を認めることは」「許されない」としました。

そのうえで、最高裁は「教師の教授の自由も、それぞれ限られた一定の範囲においてこれを肯定するのが相当である」が「それ以外の領域においては」「国は、国政の一部として広く適切な教育政策を樹立、実施すべく、また、しうる者として、憲法上は、あるいは子ども自身の利益の擁護のため、あるいは子どもの成長に対する社会公共の利益と関心にこたえるため、必要かつ相当と認められる範囲において、教育内容についてもこれを決定する権能を有するものと解さざるを」得ないとして、国に広い教育内容の決定権を認めました。

もっとも、最高裁「子どもが自由かつ独立の人格として成長することを妨げるような国家的介入、例えば、誤つた知識や一方的な観念を子どもに植えつけるような内容の教育を施すことを強制するようなことは、憲法 26 条、13 条の規定上からも許されない」とし、全く無制約に国が教育内容を決定できるわけではない旨を示しています。

7.2 大学の自治

(1) 憲法23条によって保障されている

学問の自由は大学等の研究者のみではなく、もちろん広く国民一般に保障される権利であり、学問それ自体は誰がどこでも自由に行うことができます。しかし、高度かつ専門的な学問研究には多額の資金設備や人員が必要なことが多く、そのため今日の学問研究は、主に大学において行われているのが実情です。

したがって、大学における学問の自由を十分に保障することが、学問の自由の保障にとって特に重要であり、憲法23条に明示はされていませんが、同条によって「大学の自治」が保障されていると理解されています。

(2) 大学の自治の内容

大学の自治とは、「大学の構成員が大学の管理・運営を大学設置者・資金提供者の干渉を受けずに自主的に行っていくこと」（高橋和之「立憲主義と日本国憲法（第6版）」219頁）と定義されます。冒頭に紹介した戦前の滝川事件や天皇機関説事件のように、もし、公権力等によって、教員の人事や大学施設の管理、学生の管理等に介入できるとすれば、公権力等にとって都合の悪い研究をしている教員を排除したり、研究に必要な施設を利用できないようにしたりするなどして、学問の自由が侵害されてしまいます。

そこで、学問の中心的な担い手である大学における学問の自由を十分に保障するために、大学の人事や施設管理等を大学の構成員が担う「大学の自治」が認められているのです。また「大学の自治」は、「制度的保障」であると理解されています。第6講で説明した政教分離原則も制度的保障でしたが、大学の自治も制度的保障であり、個別的な人権ではなく、学問の自由をよりよく保障するための『システム』であるといえます。

大学の自治における施設管理等が問題となって事件として、東大ポポロ事件（最大判昭和38年5月22日刑集17巻4号370頁）があります。

東京大学公認の学生団体である「劇団ポポロ」が大学の許可を得て、大学の構内にある教室で演劇発表会を開催したところ、発表会を観劇していた観

客の中に私服警察官らがいることが発見されました。学生は当該私服警察官らを捕らえ、警察手帳の呈示を命じた際に暴行を加えたとされ、同行為が「暴力行為等処罰に関する法律」に違反するとして、起訴されました。起訴された学生は、警察官らに対する暴行は「大学の自治」を保護するための正当行為であるとして、無罪を主張しました。

第1審は、学生にも大学における自治組織と自治運動が許されており、警察官の立ち入り行為は学問の自由に対する憲法上の要請を看過した違法なものであるとして学生を無罪としました。

控訴審も同様に学生側の主張を認め無罪を言い渡しましたが、最高裁は、大学には大学の自治が認められるとしつつも、「学生の集会が真に学問的な研究またはその結果の発表のためのものでなく、実社会の政治的社会的活動に当る行為をする場合には、大学の有する特別の学問の自由と自治は享有」しないとし、劇団ポポロが行った演劇発表会は「反植民地闘争デーの一環として行なわれ」「実社会の政治的社会的活動に当る行為である。」「会場には、外来者が入場券を買って入場しており、警察官も入場券を買って自由に入場した。」「本件集会は公開の集会と見なさるべきであ」り、「真に学問的な研究と発表のためのものでなく、実社会の政治的社会的活動であり、かつ公開の集会またはこれに準じるものであって、大学の学問の自由と自治は、これを享有しない」。したがって本件集会への警察官の立ち入りは「大学の学問の自由と自治を犯すものではない」と判示しました。

上記最高裁の判決に対しては、劇団ポポロが大学の公認団体であり、大学の許可を得て大学構内で演劇発表会を行っていたという事実関係を前提とすると、より大学の自治に配慮されるべきであったとの指摘もあります。

7.3 第7講のまとめ

現在の科学技術の進歩は目覚ましく、自然環境や動植物、人類に対して悪影響を及ぼすような研究に対しては、学問の自由が保障されているとしても、一定の制約を課す必要があることは否定できません。またクローン技術のように、倫理的な観点から規制を受ける場合もあります。

もっとも、リスクを理由に安易に学問の自由が制限されることもまた適当ではありません。学問の自由の保障と学問研究によるリスクのバランスを、常に考える必要があります。

第8講

表現の自由①

> 憲法第 21 条（表現の自由）
> ① 集会、結社及び言論、出版その他一切の表現の自由は、これを保障する。
> ② 検閲は、これをしてはならない。通信の秘密は、これを侵してはならない。

　日本国憲法に規定されている基本的人権は全て重要な権利であり、重要でない人権は一つもありません。そのような重要な権利のみで構成される憲法上の人権のなかでも「表現の自由」は特に重要であり、表現の自由を他の人権以上に強固に保障することが必要である（表現の自由には優越的地位がある）と考えられています。憲法の人権規定のなかでも、表現の自由が特に重要とされているのはなぜでしょうか。

　また、表現の自由がいくら重要であるとしても、それが表現行為として外部に現れる以上、制約を受けることがあります。プライバシー権を侵害するような表現行為や、他人の名誉を棄損するような表現行為を、全く無制約とすることはできません。

　本講においては、表現の自由が優越的地位を有する理由を説明したうえで、表現の自由に対する制約が問題となったケースを取り上げます。

8.1　自己統治と自己実現

　表現の自由には優越的地位があるとされますが、その理由は、表現の自由には①自己統治の価値と、②自己実現の価値の2つの重要な価値があるため

です（ここでいう「価値」は日常用語からすれば独特な表現ですが、「役割」というような意味です）。

（1）自己統治の価値とは

　日本国憲法は民主主義を採用しており、国民である我々が政治についての意思決定を行うことが前提です。そして、民主主義が十分機能するためには、国民が政治的な議論を行うことが必要であり、その議論の前提となる情報が偏りなく提供される必要があります。仮に表現の自由が十分に保障されておらず、国民が政治的な議論を行うことが制限されたり、政治に関する情報が十分に提供されたりしなければどうなるでしょうか（例えば、政府の意向に反するような発言をした場合は身柄を拘束される、政府の許可した情報のみが報道される等）。

　国民は政治について自由な意見を交わすことができず、結果として民主主義は機能しなくなってしまいます。このように表現の自由は、民主主義を支える重要な価値（自己統治の価値）がある重要な権利であるといえます。

（2）自己実現の価値とは

　個々人の人格や性格は、自分一人では完成せず、自分以外の人物とのコミュニケーションやさまざまな表現物に触れることによって形成されます。本を読んだり、他人と議論をしたり、映画を見たりしたことが、自分の考え方や価値観、物の見方に影響を与えた、ということは誰しもが経験しているはずです。

　したがって、仮に表現の自由が十分に保障されず、他人とのコミュニケーションが制限されたり、特定の思想に基づく表現物しか提供されないとなれば、人格形成が阻害されることにもなりかねません。

　このように、表現の自由には、上記の自己統治の価値に加え、個人の人格形成を支える重要な価値（自己実現の価値）があるとされています。

【自己実現のイメージ】

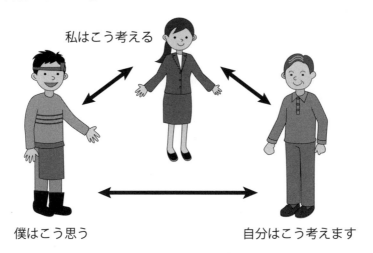

（3）以上の通り、表現の自由には自己統治の価値と、自己実現の価値の 2 つの重要な価値があり、この点から表現の自由には特に優越的価値が認められています。

8.2 表現の自由の内容

　表現の自由の重要性は上記の通りですが、それではどのような表現行為であれば、「表現の自由」として憲法による保護の対象となるのでしょうか。憲法 21 条 1 項は「言論」「出版」「その他一切の表現の自由」を保障するとしており、結論からいえば、雑誌や新聞、書籍などの印刷物、テレビ、映画、演劇、芝居、その他一切の表現媒体による表現が、保障の対象です。また消極的な表現の自由（沈黙の自由）も、憲法 21 条 1 項によって保障されます。

　かつては、例えば名誉を棄損するような表現行為、わいせつ的な表現行為、営利的言論（いわゆる広告）などは、表現の自由の保障の対象外であると考えられていましたが、現在では表現の内容いかんを問わず、一応表現の自由の保障の範囲内であると考えられています。

8.3 表現の自由に対する制約

　表現の自由は重要であり、既述の通り表現内容にかかわらず、憲法 21 条 1 項の保護の対象にはなります。もっとも、表現行為は第一義的には発表の自由を意味し、内心に留まらない外部的行為である以上、全く無制約というわけにはいきません。表現の自由が全く無制約ということになれば、他人の名誉を毀損する表現やプライバシー権を侵害する表現行為を制限することもできなくなってしまいます。表現行為も一様ではなく、自己統治の価値に直結する政治的な表現行為もあれば、上記の通り名誉毀損表現も表現行為の一つです。

　では、どのような場合に、どのような表現行為が規制されるのでしょうか。以下、具体的な事件を踏まえ検討します。

（1）政治的表現行為

　表現の自由に優越的地位が認められる理由の 1 つは、表現の自由が自己統治の価値を有するからでした。したがって、あらゆる表現内容のなかでも、政治的表現行為は自己統治の価値に直結する以上特に重要であり、政治的表現行為に対する規制は、特に慎重でなければなりません。政治的表現行為に対する規制が問題となったケースとして、いわゆる立川テント村事件（最判平成 20 年 4 月 11 日刑集 62 巻 5 号 1217 頁）を取り上げます。

　自衛隊のイラク派兵に反対するために、X らは、当時の防衛庁が管理する防衛庁立川宿舎の敷地および建物内に許可なく立ち入り、宿舎 1 階の集合郵便受けおよび各部屋の新聞受けに、イラク派兵に反対するビラを投函したところ、これらの行為が邸宅侵入罪（刑法 130 条 1 項）にあたるとして、X らは逮捕・起訴されました[1]。

　第 1 審の東京地方裁判所八王子支部（現在の東京地方裁判所立川支部）は、本件のビラ投函行為は、「憲法 21 条 1 項の保障する政治的表現活動の一態様

---

[1] 刑法 130 条は「正当な理由がないのに、人の住居若しくは人の看守する邸宅、建造物若しくは艦船に侵入し、又は要求を受けたにもかかわらずこれらの場所から退去しなかった者は、三年以下の懲役又は十万円以下の罰金に処する。」と規定します。

であり、民主主義社会の根幹を成すもの」であるとし、本件のビラ投函行為には、「刑事罰に処するに値する程度の違法性があるものとは認められない」と無罪としました。一方第2審の東京高等裁判所は、原判決を破棄しXらを有罪としました。

最高裁は、「表現の自由は、民主主義社会において特に重要な権利として尊重され」、本件の「ビラの配布は、表現の自由の行使」である旨を認定したうえで、「憲法21条1項も、表現の自由を絶対無制限に保障したものではなく、公共の福祉のため必要かつ合理的な制限」に服し、表現の「手段が他人の権利を不当に害するようなものは許されない」としました。そのうえで最高裁は、本件は、イラク派兵反対という表現内容そのものを規制しているわけではなく、表現の手段（ビラの配布のために人の看守する邸宅に管理権者の承諾なく立ち入ったこと）を処罰することが憲法21条1項に反するか否かが問題となっているとし、「本件で被告人らが立ち入った場所は」「一般に人が自由に出入りすることのできる場所ではな」く、Xらの行為を刑法130条前段の罪に問うことは、憲法21条1項に違反するものではない。」とし、Xらに対し有罪判決を下しました。

イラク派兵反対という『表現内容そのもの』ではなく、イラク派兵反対のビラを他人の看守する邸宅に承諾なく立ち入ってビラを投函したという『表現の手段』を規制する場合、通常別の手段が残されている（例えば、立川宿舎の敷地に立ち入らずに公道でビラを配布する等）ことから、最高裁は私生活の平穏等を重視し、上記のように判断したと考えられます。

（2）営利的言論（広告）

営利的言論とは、文字通り営利的な目的で行われる表現行為（言論）であり、広告やコマーシャルなどがこれに該当します。既に述べた通り、かつては表現の自由の保障の対象外と考えられていましたが、営利的言論であっても、自己実現の価値に関係しないとはいえず、また国民に対してさまざまな情報を提供し、第9講で説明する「知る権利」に奉仕するものであるため、営利的言論も表現の自由によって保護されると考えられます。もっとも、営利的言論は通常民主主義とは直結せず、自己統治の価値は薄いといえます。

したがって、政治的表現行為に比べればですが、規制の合理性が認められやすいといえるでしょう。

医療法は「医療を受ける者の利益の保護及び良質かつ適切な医療を効率的に提供する体制の確保を図り、もって国民の健康の保持に寄与することを目的」とする法律です（医療法第1条）。同法は、病院や診療所、歯科医師などを対象とした広告規制を定めています（同法第6条の5から第6条の8）。医療においては、他の分野の広告と異なって、限定的に認められた事項以外の広告が原則として禁止されているのですが、これは、医療が人の生命・身体に関わるサービスであることから、不当な広告により受け手側が誘引されて、不適当なサービスを受けた場合の被害は、他の分野に比べ著しく、また、医療は極めて専門性の高いサービスであり、広告の受け手はその文言から提供される実際のサービスの質について事前に判断することが非常に困難であるため、利用者（患者）保護の観点から、広告規制を行う必要があると考えられているためです。

過去に医療法による広告規制が憲法に違反しないかが争われたケースはありませんが、仮にこれが争われた場合は、『営利的言論の自由』対『虚偽・誇大な広告や、医療を受ける者による医療に関する適切な選択を妨げるような広告を禁止することによる国民の健康保持』という対立構造になると考えられます。

なお、医療法ではなく、あん摩師、はり師、きゅう師および柔道整復師法（以下「あん摩師法等」といいます）における広告制限が、憲法21条1項によって保障される表現の自由を不当に侵害するものであるかが争われた事件において、最高裁は（最判昭和36年2月15日刑集15巻2号347頁）は「本法があん摩、はり、きゆう等の業務又は施術所に関し前記のような制限を設け、いわゆる適応症の広告をも許さないゆえんのものは、もしこれを無制限に許容するときは、患者を吸引しようとするためややもすれば虚偽誇大に流れ、一般大衆を惑わす虞があり、その結果適時適切な医療を受ける機会を失わせるような結果を招来することをおそれたためであつて、このような弊害を未然に防止するため一定事項以外の広告を禁止することは、国民の保健衛生上の見地から、公共の福祉を維持するためやむをえない措置として是認さ

れなければならない」と判示し、あん摩師法等による広告制限は憲法に違反しない、としました。もっとも最高裁は、そもそも同事件は、表現の自由の問題ではなく経済的自由の問題（本書第10講）ととらえています。

（３）ヘイトスピーチ（差別的表現）

　ヘイトスピーチ（hate speech）は、特定の民族・宗教・性別・性的指向などへの憎悪を表す差別的、暴力的な発言や言説を意味します[2]。特定の個人に対する差別的、暴力的な表現行為であれば、民事上の損害賠償請求や刑事上の名誉棄損罪等で対応することが考えられますが、上記ヘイトスピーチの定義からもわかる通り、ヘイトスピーチは特定の個人ではなく、特定の集団ないし団体を対象としている点にその特徴があります。

　ヘイトスピーチは、その対象とされた集団ないし団体の尊厳を害し、差別意識や憎悪を助長するものですから、単純に規制すればいいとも考えられますが、ヘイトスピーチであっても表現行為である以上、ヘイトスピーチの規制は、憲法21条1が保障する表現の自由との緊張関係にあります。

　この点本邦では、ヘイトスピーチの増加にともなう社会的関心の高まりを踏まえ、平成28年に「ヘイトスピーチ解消法」が成立し、施行されました[3]。同法においては、「不当な差別的言動は許されない」旨が宣言され、「人権教育と人権啓発などを通じて、国民に周知を図り、その理解と協力を得つつ、不当な差別的言動の解消に向けた取組を推進」することが目的としてうたわれています。ただし、罰則規定等はありません。

　自治体レベルでもヘイトスピーチに対して条例が制定されており、大阪市では平成28年、「大阪市ヘイトスピーチへの対処に関する条例」が成立しました。同条例にも罰則は定められていませんが、同条例第2条の要件を満たす表現行為を「ヘイトスピーチ」と定義したうえで、当該「表現活動がヘイトスピーチに該当すると認めるとき」、市長はヘイトスピーチの拡散防止措置をとるとともに、「当該表現活動を行ったものの氏名又は名称を公表する」と

---

[2]　新村出編「広辞苑（第7版）」岩波書店　2018年　第2627頁
[3]　ヘイトスピーチ解消法の正式名称は「本邦外出身者に対する不当な差別的言動の解消に向けた取組の推進に関する法律」です。

定めています（同条例5条1項）。

　これに対し、本条例の各規定が憲法21条1項等に反するとして、住民訴訟が提起されたのが、大阪市ヘイトスピーチ条例事件（最判令和4年2月15日民集76巻2号190頁）です。

　最高裁は、「憲法21条1項により保障される表現の自由は、立憲民主政の政治過程にとって不可欠の基本的人権であって、民主主義社会を基礎付ける重要な権利である」としつつも、「無制限に保障されるものではなく、公共の福祉による合理的で必要やむを得ない限度の制限を受けることがある」としたうえで、本条例は「拡散防止措置等を通じて、表現の自由を一定の範囲で制約する」が、「その目的は」「ヘイトスピーチの抑止を図ることにあると解される」とし、「ヘイトスピーチに該当する表現活動」は、「殊更に当該人種若しくは民族に属する者に対する差別の意識、憎悪等を誘発し若しくは助長するようなものであるか、又はその者の生命、身体等に危害を加えるといった犯罪行為を扇動するようなものであるといえるから、これを抑止する必要性」が高く、「市内においては、実際に上記のような過激で悪質性の高い差別的言動を伴う街宣活動等が頻繁に行われていたことからすると」本件各規定の目的は合理的であり正当なものであり、本条例の「各規定は憲法２１条１項に違反するものということはできない」と判示しました[4]。

（4）整理

　以上の通り、表現の自由に対する制約が許されるか否かは、表現の内容や表現の手段、制約をする目的や制約の手段等を具体的に検討し、判断していることがわかります。

---

[4] 第1審の大阪地裁および第2審の大阪高裁も、最高裁と同じく原告側の請求を棄却しています。

第 9 講

表現の自由②

（知る権利）

> **憲法第 21 条（表現の自由）**
> ① 集会、結社及び言論、出版その他一切の表現の自由は、これを保障する。
> ② 検閲は、これをしてはならない。通信の秘密は、これを侵してはならない。

　第 8 講においては、表現の自由（憲法 21 条 1 項）には、①自己統治の価値と②自己実現の価値があり、そのために表現の自由には優越的地位がある旨を説明しました。

　本講における主たるテーマは「知る権利」です。表現の自由は、文字通り表現をする自由であり、第一義的には情報発表権（情報提供権）を意味しますが、発表された情報を受け取る自由（情報受領権）も、憲法 21 条 1 項から保障されると考えられています。また、知る権利は上記の情報受領権に留まらず、政府情報を開示するよう求める政府情報開示請求権も含むとされています。

　本講においては、知る権利を主たるテーマとして説明し、その他 21 条 1 項が明示する「集会の自由」、「結社の自由」、同条 2 項による検閲の禁止と通信の秘密についても概観します。

9.1 知る権利

　知る権利も論者によってはさまざまな意味で使用されますが、本書においては、①情報受領権としての「知る権利」と、②政府情報の公開請求としての「知る権利」を取り上げます。①はすでに公開されている情報の受領を問題とする一方、②は未公開の政府情報の開示を求めるという点で、場面そのものに違いがあります。

（1）情報受領権としての知る権利

　当初表現の自由は、情報提供権としての表現の自由の保障が念頭に置かれていました。

　しかし、情報伝達は「A：情報の収集→B：情報の提供（発表）→C：情報の受領」というプロセスを経て行われることから、仮にBの情報提供が憲法21条1項によって保障されるとしても、Cの情報の受領が公権力によって遮断されてしまっては（情報受領権の侵害）、憲法によって表現の自由を保障した目的が十分に達成できなくなる恐れがあります。

　この点（情報受領権の侵害）が問題となった判例として、よど号ハイジャック記事抹消事件（最大昭和58年6月22日民集第37巻5号793頁）があります。同事件は、刑事収容施設における未決拘禁者の新聞の閲読の自由が問題となった事件であり、事案は以下の通りです。

　Xらは、反戦闘争により凶器準備集合罪[1]などで起訴され、未決拘禁者として東京拘置所に収容されていました。Xらは私費で読売新聞を購読していましたが、当時の東京拘置所長は、同新聞に過激派による飛行機の乗っ取り事件（いわゆるよど号ハイジャック事件）の記事が掲載されていたことから、Xらがこのニュースに刺激を受けて、秩序・規律違反行為に出るおそれがあるとの理由で、ハイジャックに関連する記事を全て黒塗りにして読めないようにしたうえで、Xらに配布しました。当該黒塗りの措置に対して、Xらは

---

[1] 凶器準備集合罪を定める刑法208条の2第1項は「二人以上の者が他人の生命、身体又は財産に対し共同して害を加える目的で集合した場合において、凶器を準備して又はその準備があることを知って集合した者は、二年以下の懲役又は三十万円以下の罰金に処する。」と規定しています。

知る権利（≒情報受領権）まで奪われる理由はないとして、国を被告として損害賠償を請求したのが本事件です[2]。

　本件において最高裁は、「およそ各人が、自由に、さまざまな意見、知識、情報に接し、これを摂取する機会をもつことは、その者が個人として自己の思想及び人格を形成・発展させ、社会生活の中にこれを反映させていくうえにおいて欠くことのできないものであり、また、民主主義社会における思想及び情報の自由な伝達、交流の確保という基本的原理を真に実効あるものたらしめるためにも、必要なところである」として、表現の自由に自己実現及び自己統治の価値（役割）があることを確認しました。そのうえで最高裁は、「これらの意見、知識、情報の伝達の媒体である新聞紙、図書等の閲読の自由が憲法上保障されるべきことは、思想及び良心の自由の不可侵を定めた憲法 19 条の規定や、表現の自由を保障した憲法 21 条の規定の趣旨、目的から、いわばその派生原理として当然に導かれる」とし、憲法 21 条（および 19 条）から情報受領権としての「知る権利」を認定しています。

　もっとも、Xの損害賠償請求については、図書や新聞等の閲読の「制限が許されるためには、当該閲読を許すことにより」監獄内の「規律及び秩序が害される一般的、抽象的なおそれがあるというだけでは足りず」「具体的事情のもとにおいて、その閲読を許すことにより監獄内の規律及び秩序の維持上放置することのできない程度の障害が生ずる相当の蓋然性があると認められることが必要であり」かつ「制限の程度」も「障害発生の防止のために必要かつ合理的な範囲にとどまるべき」であると表現の自由に配慮した厳格な基準を設定しつつも、本件においては原告に「閲読を許した場合には、拘置所内の静穏が攪乱され、所内の規律及び秩序の維持に放置することのできない程度の障害が生ずる相当の蓋然性があるものとしたことには合理的な根拠」があるとして、損害賠償請求を棄却しました。

　なお、本事件で最高裁は知る権利の根拠として表現の自由を定める憲法 21 条に加えて 19 条も根拠としていますが、その後最高裁は、「表現の自由の保

---

[2]　黒塗りの新聞が配布された当時、Xは凶器準備集合罪によって起訴されていましたが、身体拘束されているのは逃亡や罪証隠滅が目的であり、有罪が確定した訳ではありませんでした。

障は、他面において、声を受ける者の側の知る自由の保障をも伴う」と判示しています（最大昭和59年12月12日、民集38巻12号1308頁）。さらにいわゆるレペタ事件（最判平成元年3月8日、民集43巻2号89頁）においても[3]、最高裁は、「憲法21条1項の規定は、表現の自由を保障している。そうして、各人が自由にさまざまな意見、知識、情報に接し、これを摂取する機会をもつことは、その者が個人として自己の思想及び人格を形成、発展させ、社会生活の中にこれを反映させていく上において欠くことのできないものであり、民主主義社会における思想及び情報の自由な伝達、交流の確保という基本的原理を真に実効あるものたらしめるためにも必要であつて、このような情報等に接し、これを摂取する自由は、右規定の趣旨、目的から、いわばその派生原理として当然に導かれる」としていることから、憲法21条1項から情報受領権としての知る権利が認められることに、争いはないと考えられます。

（2）政府情報の公開を求める権利としての「知る権利」

上記で説明した情報受領権としての「知る権利」は、国民の情報の受領を公権力によって妨げられない権利を意味します。一方、情報公開を求める権利としての「知る権利」は、国家に対して情報を開示するよう求めることを意味し、これを実現するためには、国家による能動的な行為（≒情報の開示行為）が必要です。

そして、このような情報開示請求権を行使するためには、同請求権を具体化する法令（法律または条令）が必要であると考えられています。つまり、憲法21条1項によって直ちに情報公開を求め得る具体的権利ではなく、法令によって権利行使等の要件の具体化が必要な、抽象的権利であるということです。もし、憲法21条1項のみによって政府情報等の公開が可能になってしまうとすれば、請求する資格や開示が可能な情報の範囲等が定められておらず、裁判官の裁量の範囲が大きくなりすぎてしまいます（政府情報等のなかには例えば国防上の情報など、開示が適さない情報もありますが、裁判官の

---

[3] レペタ事件（最大平成元年3月8日）とは、所得税法違反事件の公判期日に、法廷でメモを取ることを不許可とされた原告（アメリカ人の弁護士）が、当該不許可処分は憲法21条1項等に反するとして、国家賠償請求訴訟を提起した事件です。

判断いかんによってはこれらの情報の開示も認められてしまう危険があります）。

　本邦には、当初情報公開を定める法令はありませんでしたが、昭和 57 年の山形県金山町の公文書公開条例が制定されたことを皮切りに、全国の地方公共団体において情報公開条例が制定され、平成 11 年に国家レベルでも情報公開法（行政機関の保有する情報の公開に関する法律）が制定されました。

　なお、情報公開法第 1 条は、同法の目的を「国民主権の理念にのっとり、行政文書の開示を請求する権利につき定めること等により、行政機関の保有する情報の一層の公開を図り、もって政府の有するその諸活動を国民に説明する責務が全うされるようにするとともに、国民の的確な理解と批判の下にある公正で民主的な行政の推進に資することを目的とする。」とし、知る権利には言及されていません。

　また、情報公開制度（情報公開法）とは別に、個人情報保護制度（行政機関の保有する個人情報の保護に関する法律）も存在します。情報公開制度は上記の通り国民主権の理念の下、政府情報等の開示について規定しますが、個人情報法保護制度は、文字通り個人情報の保護を目的としており、その目的は異なります。

　なお、個人情報保護制度には自己情報の開示請求が定められており、行政機関等に自己情報の開示を請求する場合、同制度の手続きに則って行う必要があります。もっとも、情報公開制度のみが定められ、個人情報保護制度が制定されていない場合の自己情報開示請求について、情報公開制度に基づき、自己情報の開示請求を認める旨を判示しました（最判平成 13 年 12 月 18 日・民集 55 巻 7 号 1603 頁）。

9.2　集会・結社の自由

（1）集会の自由

　「集会」とは、多数人が共通の目的をもって同一の場所に集まることを意味し、集団としての意思を表明したり、情報交換をしたりしますから、表現の自由の一形態として、憲法 21 条 1 項は明文をもって集会の自由を保障しまし

た。デモ行進[4]も『動く集会』として、やはり憲法21条1項によって保障されています。

　集会にしてもデモ行進にしても、その性質上、一定の場所（公園や道路などの公共施設）を多数人が使用（デモ行進の場合は移動）しますから、施設の管理権や他の国民の権利や自由との調整は必要です。仮に、当該集会を開催することによって、他人の生命等が危険にさらされる可能性が客観的に高い状況であれば、その集会の実施を禁止することも許される場合があります。

　もっとも、歴史的にも、公開の場における表現行為は重要ですから、施設の管理権等を理由に容易に集会等に規制をかけることについては、慎重であるべきです。この点、地方自治法244条2項は「普通地方公共団体（中略）は、正当な理由がない限り、住民が公の施設を利用することを拒んではならない」とし、同条3項は「普通地方公共団体は、住民が公の施設を利用することについて、不当な差別的取扱いをしてはならない。」と定めています。

（2）結社の自由

　「結社」は、複数人が共通の目的をもって持続的に結合することを意味します。一時的に一定の場所に集まる集会と異なり、持続的な結合が結社の特徴です。結社の自由は文字通り結社を作る自由ですが、そこには結社に加入しない自由も含まれます。結社の目的が違法であることは許されず、例えば犯罪を目的とした結社は、（当然ながら）憲法21条1項の結社の自由の保障対象外であると考えられています。

　結社の自由に関連する法律として、破壊活動防止法があります。同法は、「暴力主義的破壊活動を行った団体に対する必要な規制措置を定め」る等して「公共の安全」を確保することを目的に制定された法律であり（同法1条）、同法7条は、暴力主義的破壊活動等を行った団体が、「継続又は反覆して将来さらに団体の活動として暴力主義的破壊活動を行う明らかなおそれがあると認めるに足りる十分な理由があり」「そのおそれを有効に除去することができないと認められるときは、当該団体に対して、解散の指定を行うことができ

---

[4] デモ行進は「示威運動として行う行進」を意味します（新村出編「広辞苑（第7版）岩波書店 2018年）。

る。」としています。

　もっとも裁判所の審理を経たうえでの解散命令ではなく、公安委員会の判断によって解散の指定ができるという点で、憲法 21 条 1 項が定める集会の自由に反するとの指摘があります。

9.3 検閲の禁止・通信の秘密

（1）検閲の禁止

　一定の表現行為が行われた後に、当該表現行為が事後的に規制されることも表現の自由に対する制約ですが、より強力な制約は、表現行為が行われる前に（情報が公開される前に）、当該表現行為を規制することです。

　憲法 21 条 2 項は「検閲はこれをしてはならない」と規定しているところ、最高裁は検閲について「行政権が主体となって、思想内容等の表現物を対象とし、その全部又は一部の発表の禁止を目的として、対象とされる一定の表現物につき網羅的一般的に、発表前にその内容を審査した上、不適当と認めるものの発表を禁止すること」を意味すると、かなり限定的に解釈しました（最判昭和 59 年 12 月 12 日、民集 38 巻 12 号 1308 号）。

　したがって、例えば裁判所による出版物の事前差し止めは、上記最高裁の解釈を前提とする限り、禁止される「検閲」には該当しません。裁判所は行政権ではないからです。もっとも検閲に該当しないからといって、表現行為に対する事前の規制が容易に肯定される訳ではありません。第 4 講で紹介した北方ジャーナル事件は、結論としては、雑誌販売前の事前差し止めを違法ではないと判断しましたが、政治的表現行為が「私人の名誉権に優先する社会的価値を含み憲法上特に保護される」とし、「当該表現行為に対する事前差止めは、原則として許されない」と判示しています。つまり、裁判所による表現行為の事前差し止めは検閲には該当しませんが、憲法 21 条 1 項に反する違法な事前差し止めと評価される可能性はあるわけです。

（2）通信の秘密

　通信の秘密における「通信」には、郵便や電話はもちろん、インターネッ

ト上の通信も保護の対象として含まれます。

　通常「通信」は不特定ではなく、特定の当事者間におけるコミュニケーション（情報のやり取り）であり、その意味で表現の自由の保護の対象とされています。また、公権力による通信内容の調査を制限することが、政治的表現の自由の確保にもつながります。

　また、非公開のコミュニケーションですので、プライバシー権とも関わるといえるでしょう。

第10講 経済的自由権

　本講のテーマは、経済的自由権です。私たちが日常的に行っている経済活動は、憲法上の権利として保障されています。例えば、「仕事を選ぶ自由」、「日本国内を旅行する自由」、もしくは「物を売ったり買ったりする自由」など、あらゆる経済活動をすることが憲法によって守られています。

　歴史的には、経済が発展するなかで、個人の経済活動の自由が重要視されてきました。なぜなら、個人が自由に経済活動をすることが、社会全体の経済成長に貢献するからです。

　しかし、個人の経済活動の自由を無制約に認める場合には、多くの人が日常生活を送るなかで困難に直面する等のさまざまな弊害が生じることとなるため、個人の経済活動の自由は一定の制約を受けることとなります。

　本講においては、経済的自由権の具体的内容を概説したうえで、経済的自由権がどのような場合において制約され得るのかを、精神的自由における制約との比較において学びます。

10.1 経済的自由権について

（1）経済的自由権とは何か

　憲法においては、職業選択の自由、居住・移転の自由および財産権を保障しており、これらの権利をまとめて、経済的自由権とよんでいます。

　それぞれの権利保障に関して、憲法は次のように定めています。

① 職業選択の自由、及び居住・移転の自由

憲法第 22 条 1 項
　何人も、・・・居住、移転及び職業選択の自由を有する。

　上記の憲法 22 条 1 項において定められている職業選択の自由とは、人々が自分の意思により職業を選択することや、選択した職業に関わる仕事を行うことを国により妨げられないことを意味します。例えば、アルバイトをすること、子供の頃からの夢だった飲食店を立ち上げて経営をしていくこと、あるいは自分の興味がある分野に関連する企業に就職して働くことは、職業選択の自由として憲法上保障されています。また、医療分野においても、国家試験合格により医療従事者としての免許を取得すること等の一定の条件を満たした場合には、医療従事者として病院や薬局で働くことが職業選択の自由として権利保障されています。なお、この職業選択の自由については第 11 講においてさらに詳しく学びます。

　また、上記の憲法 22 条 1 項において定められている居住・移転の自由とは、自分の住む場所や旅行先を自由に決定して移動することを、国により妨げられないことを意味します。例えば、自分や家族が転勤することとなり家族全員で引っ越しをすること、国内外を旅行することについては、居住・移転の自由として権利保障されています。

② 財産権

憲法第 29 条 1 項
　財産権は、これを侵してはならない。

　上記の憲法 29 条 1 項において定められている財産権とは、人が財産を取得した場合にはそれを使ったり、売ったり、貸したりする権利があることや、財産を不当に奪われないことを国が保障することを意味します。例えば、病院が、医療機器メーカーや製薬会社等にお金を支払って医療機器や医薬品を購入した場合、この購入した医療機器や薬品等を病院関係者以外の者が勝手に使い、もしくは、持ち出すことができません。それは、病院が、医療機器

等を購入することによって、医療機器等を所有する権利をもつことが、日本の法制度によって保障されているからです。

このように、憲法は、財産権を保障するための制度の創設を通じて、財産が不当に奪われることのない権利を保障しています。なお、財産権については、第12講においてさらに詳しく学びます。

（2）経済的自由権に関する保障の歴史的経緯

ではなぜ、日本国憲法は、経済的自由権を保障しているのでしょうか。憲法において経済的自由権を保障するに至った経緯として、以下における資本主義経済の発展が関わっています。

資本主義経済とは、人々が自由に財産を所持し、この財産をもとに商売を行うこと等によって個々の人々が自由に利益を追求することができる社会の仕組みです。この仕組みは、18世紀後半からイギリスにおいて始まった産業革命等の影響によりイギリスやアメリカ等の諸外国において発展していきました。そして、この資本主義経済を確立するため、国が個々人の経済活動に干渉しないという自由放任主義の考え方が各国において取り入れられるに至ったのです。

このような歴史的経緯により、かつては、各国において経済的自由権が絶対不可侵の権利として保障されていました。

10.2 経済的自由権に対する制約について

（1）「公共の福祉」を理由とした経済的自由権の制約

前述のように、資本主義経済の発展の影響を受け、かつては、経済的自由権は、絶対不可侵の権利として保障されていました。

しかし、19世紀の終わりから20世紀にかけて、資本主義経済の発展にともない、富が一部の人々に集中し、人々における貧富の差が拡大するようになりました。工場や機械等の生産手段を所有する者（いわゆる資本家）が、人を雇い働かせることで多大な利益を得ていたのに対し、資本家に雇われた者（いわゆる労働者）は低賃金かつ長時間労働という過酷な労働条件により

働かされるようになったのです。

　この資本主義経済の発展にともなう社会的弱者の存在が問題となり、国は、社会的弱者を保護するため、ひいては、人々全体が幸せに暮らせるよう社会全体の利益を図ることを目的として、人々の経済活動を規制するようになりました。このようにして、経済的自由権が絶対不可侵の権利であるという考え方は衰退するに至りました。

　以上の歴史的経緯により、憲法22条1項及び29条2項においては、以下のように「公共の福祉」[1]（ないし社会全体の利益）の名のもと、経済的自由権について一定の制約を課すことを許容しています。

憲法第22条1項
　何人も、公共の福祉に反しない限り、居住、移転及び職業選択の自由を有する。

憲法第29条2項
　財産権の内容は、公共の福祉に適合するやうに、法律でこれを定める。

　ただし、「公共の福祉」を理由とした経済的自由権の制約があらゆる場面において常に認められるわけではありません。例えば、新しい感染症が日本全国にまん延したため、国が感染症拡大を防止することを目的として、医師や看護師に対して、特定の地域において仕事を行うことを強制する旨の法律を作ることは、過度な制約として認められないでしょう。

　もし、このように、国が過度な権利制約をした場合には、裁判手続きを通じた裁判所における違憲審査により、権利制約が憲法に違反することを理由に無効であるとの判断がなされます。

---

[1] この「公共の福祉」については、一般的には「社会構成員全体の共通の利益」を意味しますが（広辞苑 第6版 932頁）、憲法学上においては、この「公共の福祉」の法的意味についてさまざまなとらえ方がなされています（芦部信喜　高橋和之補訂「憲法　第八版」岩波書店 2023年 102頁から105頁参照）。

（2）精神的自由権と経済的自由権に関する制約の違い

　精神的自由権についても、一定の制約を課すことが許容されています（詳細は、第8講および第9講を参照）。ただし、憲法学上においては、精神的自由権に対する制約よりも経済的自由権に対する制約を裁判所によって厳格に審査するべき（ないしは、裁判所の審査においては、経済的自由権に対する制約を精神的自由権に対する制約よりも広く許容するべき）と考えられています。

　このように、精神的自由権と経済的自由権との間において審査の厳格度ないし制約内容が異なるとする考え方を「二重の基準論」といいます。

　ではなぜ、精神的自由権に対する制約を、経済的自由権に対する制約よりも厳格に審査するべきであると考えられているのでしょうか。

　一つ目の理由として、国が誤って権利を不当に制約した場合における民主制の過程における権利修復の可否の違いという点があげられます。法律によって人々の経済的自由権が不当に制約された場合、人々が国に働きかけ、もしくは選挙により新たに国会議員を選ぶこと等により法律改正をうながし、民主制の過程によって不当に制約された権利を修復することができます。他方で、言論の自由が制約される等して精神的自由権が不当に制約される場合には、人々が自由に意見を述べることや議論をすることができなくなり、国への働きかけや選挙による法律改正を促すことそのものが抑制されることとなります。その場合には、民主制の過程そのものが傷ついていることから権利修復が不可能となります。このように、精神的自由権が制約される場合には、経済的自由権が制約される場合とは異なり、民主制の過程において権利の修復が不可能となるため、裁判所が権利の制約を厳格に審査するべきであると考えられています。

　また、二つ目の理由として、経済的自由権に対する制約については、裁判所よりも国による判断能力が優れているという点があげられます。社会経済政策上の規制（例えば、医薬品の製造販売するにあたり、医薬品の安全性を確保するための試験を課すこと等）については、規制に関わる分野における専門的知識を必要とするため、このような知識を持ち合わせていない裁判所においては規制が不当か否かの判断が困難です。

以上のような二つの理由により、精神的自由権に対する制約を、経済的自由権に対する制約よりも厳格に審査するべきであると考えられているのです。

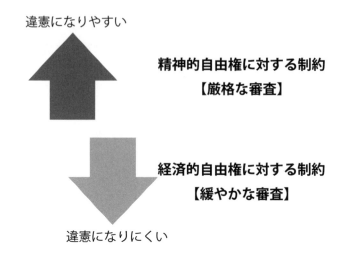

10.3 経済的自由権の制約に関する裁判所の考え方

（1）はじめに

前述のように、憲法学上においては精神的自由権に対する制約よりも経済的自由権に対する制約を裁判所によって厳格に審査するべきとの考え方が一般的です。では、裁判所において、精神的自由権に対する制約に関する審査方法と経済的自由権に対する制約に関する審査方法が異なっているのかを確認してみましょう。

裁判所の審査方法に関する考え方を知るための手がかりとして、経済的自由権が制約されたケースにおける最高裁判所の判決を2例紹介します。

(2) 小売市場事件

(最高裁昭和 47 年 11 月 22 日大法廷判決　刑集 26 巻 9 号 586 頁、判時 687 号 23 頁、判タ 286 号 205 頁)[2]

　この事件においては、地方自治体が設けたルールが原因となり、特定の場所に店舗を開設することができないことが憲法問題になりました。

　一つの建物の中に、生鮮魚肉を販売する店や青果物を販売する店が複数集まっている場所を小売市場といいます。この小売市場を作るためには、法律に基づき、都道府県知事による許可が必要となります。大阪府においては、過度な競争による共倒れを防止するため、既に作られていた小売市場から一定距離の範囲内（既存の小売市場との間の最短距離が 700 メートル未満）に新たに小売市場を作ることを許可しないとの基準を設けていました。

　そのようななか、大阪府知事の許可を得ずに小売市場を作った者の刑事責任の有無を判断するため、刑事裁判が開かれました。

　この刑事裁判のなかにおいて、小売市場を作った者は、法律に基づく許可規制および大阪府が定めた距離制限が小売市場を作って経営をする自由を公権力が妨げるものであり、憲法 22 条 1 項に違反するとの主張をしました。

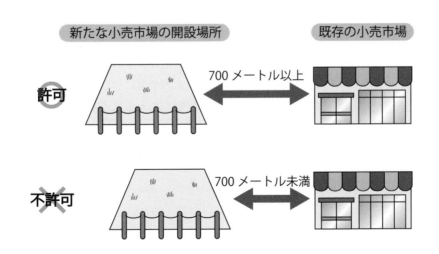

---

[2]　詳細は、長谷部恭男・石川健治・宍戸常寿編「憲法　判例百選Ⅰ　第 7 版」有斐閣 2019 年 196 頁から 197 頁を参照。

この小売市場を作った者の主張に関し、裁判所は、距離制限が憲法22条1項に違反しないと結論付けました。
　その理由として、裁判所は、以下の内容を判決理由のなかで示しています。

> ・個人の精神的自由等に関する場合とは異なって、右社会経済政策の実施の一手段として、これに一定の合理的規制措置を講ずることは、もともと、憲法が予定し、かつ許容するところと解するのが相当である。
>
> ・どのような対象について、どのような手段・態様の規制措置が適切妥当であるかは、主として立法政策の問題として、立法府の裁量的判断にまつほかない。というのは、法的規制措置の必要の有無や法的規制措置の対象・手段・態様などを判断するにあたつては、その対象となる社会経済の実態についての正確な基礎資料が必要であり、具体的な法的規制措置が現実の社会経済にどのような影響を及ぼすか、その利害得失を洞察するとともに、広く社会経済政策全体との調和を考慮する等、相互に関連する諸条件についての適正な評価と判断が必要であつて、このような評価と判断の機能は、まさに立法府の使命とするところであり、立法府こそがその機能を果たす適格を具えた国家機関であるというべきであるからである。

　上記の判決理由からは、裁判所が、精神的自由権よりも経済的自由権の制約を広く許容していることや、社会経済政策上の規制については裁判所よりも国側の方が判断能力に優れており国側の判断をできる限り尊重する立場にあることがわかります。
　そのため、裁判所は、憲法学上の考え方と同様、「二重の基準論」の考え方に立っていると理解することができます。

（3）薬事法違憲判決事件

（最高裁昭和 50 年 4 月 30 日大法廷判決　民集 29 巻 4 号 572 頁、判時 777 号 8 頁、判タ 321 号 40 頁）[3]

　上記の事件と類似しますが、この事件においては、地方自治体が設けたルールが原因となり特定の場所に薬局を開設することができないことが憲法問題になっています。

　一般用医薬品[4]をドラッグストア等の店舗において販売するためには、薬事法[5]により、その店舗がある地域の都道府県知事の許可が必要となります。また、広島県においては条例により、上記の許可の条件として、国民の生命および健康に対する危険防止のため、すでに作られていた店舗との間の最短距離をおおむね 100 メートルに保つとの基準を設けていました。

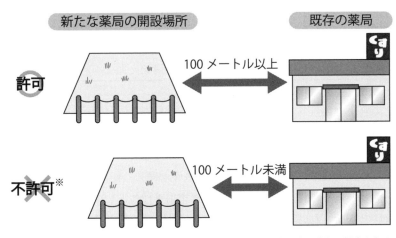

※例外的に人口や交通事情等を考慮し許可される場合もある。

---

[3]　詳細は、長谷部恭男・石川健治・宍戸常寿編「憲法　判例百選Ⅰ　第 7 版」有斐閣 2019 年 198 頁から 199 頁を参照。

[4]　医師等が患者に対する診察を経て発行する処方せんに基づいて、薬剤師が薬局で調剤して患者に渡す薬を「医療用医薬品」といいます。他方で、「一般医薬品」は、患者自身の判断で使用できる安全性が重視された薬であり、医療用医薬品とは異なり、処方せんがなくとも、薬局やドラッグストア等の店舗において購入することができます。

[5]　2014 年（平成 26 年）年の法改正により、薬事法に代わり、新たに薬機法（正式名称は、医薬品、医療機器等の品質、有効性及び安全性の確保等に関する法律）が制定されました。

そして、広島県内において店舗の許可申請をしたA社は、上記距離制限の基準を満たさないことを理由として不許可となりました。
　そこで、A社は、不許可処分の取り消しを求めるため、訴訟を提起しました。この裁判手続きにおいてA社は、法律に基づく許可制及び条例に基づく距離制限が、会社の一般医薬品販売をする自由を制約するものとして、憲法22条1項に違反すると主張しました。
　そして、この会社の主張に関し、裁判所は、条例に基づく距離制限が憲法22条1項に違反すると結論付けました。また、このように距離制限が憲法22条1項に違反することの理由として、裁判所は、以下の判決理由を示しています。

　職業の自由は、それ以外の憲法の保障する自由、殊にいわゆる精神的自由に比較して、公権力による規制の要請がつよく、憲法二二条一項が「公共の福祉に反しない限り」という留保のもとに職業選択の自由を認めたのも、特にこの点を強調する趣旨に出たものと考えられる。

　上記の判決理由からも、小売市場事件における判決と同様、裁判所は、精神的自由権よりも経済的自由権の制約を広く許容していることについて言及しており、「二重の基準論」の考え方に立っていると理解することができます。
　なお、小売市場事件も薬事法違憲判決事件も同じく距離制限に関する憲法違反が問題となったにもかかわらず、小売市場事件においては憲法22条に違反しないと判断され、薬事法違憲判決事件においては憲法22条1項に違反すると判断されており、結論が異なっています。果たして、裁判所は、どのような理由に基づいて、このように異なる結論を導いたのでしょうか。この理由につきましては、11.3節において詳細に分析します。

第11講
職業選択の自由

　本講のテーマは、職業選択の自由です。憲法においては、私たちが自分で仕事を選ぶ権利、つまり「職業選択の自由」が保障されています。この権利は、単にお金を稼いで生活をするためだけの権利ではありません。仕事を選ぶという行為は、自分がどんな人間であり、どういう人生を送りたいかを表現するための重要な権利です。この「職業選択の自由」が保障されていることで、私たちは自分の夢や目標に向かって努力し、それを実現する機会を得ることができます。

　本講においては、職業選択の自由の具体的内容を概説したうえで、裁判所の考え方を踏まえながら、職業選択の自由がどのような場合において制約され得るのかを学びます。

11.1 職業選択の自由とは何か

> 憲法第22条1項
> 　何人も、公共の福祉に反しない限り、居住、移転及び職業選択の自由を有する。

　上記憲法22条1項において保障されている「職業選択の自由」とは、人々が自分の意思により職業を選択することを国により妨げられないことを意味します。皆さんが、医療従事者という職業に就くことについては、この「職業選択の自由」により保障されています。

この「職業選択の自由」が保障されることにより、人々は、自分で稼いで自分や家族の生活を維持することができ（経済的権利としての側面）、あるいは、自分の興味のある分野や得意分野などのさまざまな個性を生かした仕事をすることができ、自分らしい生き方を実現する（自己実現を達成するための権利としての側面）ことができるのです[1]。

　他方、憲法22条1項において明確には記載されてはいませんが、同条は、単に「職業選択の自由」だけを保障するのではなく、「営業の自由」（すなわち、選択した職業に関わる仕事を行うことを国により妨げられないこと）を保障しているものと憲法学上解釈されています。なぜならば、自分の意思により選択した職業に関わる仕事を自由に行えないのでは、自分で稼ぐことや自分らしい生き方を実現することができず、職業選択の自由を保障する意味が無くなるからです。

　なお、第10講で紹介しました小売市場事件や薬事法違憲判決事件においても、裁判所は、憲法学上の解釈と同様、「営業の自由」が憲法22条1項により保障されていると述べています[2]。

---

[1] 渡辺康行・宍戸常寿・松本和彦・工藤達朗「憲法Ⅰ　基本権 第2版」日本評論社 2023年 342頁から343頁

[2] 小売市場事件において、最高裁判所は、「そこで職業選択の自由を保障するというなかには、広く一般に、いわゆる営業の自由を保障する趣旨を包含しているものと解すべきであり」との判断を示しています。また、薬事法違憲判決事件において、最高裁判所は、「選択した職業の遂行自体、すなわちその職業活動の内容、態様においても、原則として自由であることが要請されるのであり、したがつて、右規定は、狭義における職業選択の自由のみならず、職業活動の自由の保障をも包含しているものと解すべきである。」との判断を示しています。

11.2 職業選択の自由に対する制約について

(1) 職業選択の自由に対する制約方法

> **憲法第 22 条 1 項**
> 何人も、<u>公共の福祉に反しない限り</u>、居住、移転及び職業選択の自由を有する。

憲法 22 条 1 項においては、「公共の福祉」(ないし社会全体の利益) の名のもと、例外的に職業選択の自由について一定の制約を課すことが許容されています。

そして、職業選択の自由の制約方法は、以下の①登録制・届出制、②許可制、③特許制、④国家独占に分けられます[3]。また、各制約方法については、①②③④の順に職業選択の自由に対する制約の度合が強くなっていく関係にあります。

① 登録制・届出制

特定の仕事を始めるにあたり、国における登録や届出が必要となる制度です。

例えば、床屋や美容院を開設する場合、この仕事を適正に行うことができるかを確認するため、理容師法や美容師法により、開設届の届出をすることが求められています。

② 許可制

本来であれば行うことができるはずの特定の仕事を行うことを一般的に禁止したうえで、国による許可があった場合に限り、この禁止を解除して仕事を行うことができるようにする制度です。

例えば、飲食店の営業を始めるにあたっては、食中毒の発生等利用客の健康被害を防ぐこと等を目的として、食品衛生法により、営業許可を受け

---

[3] 詳細は、芦部信喜　高橋和之補訂「憲法　第八版」岩波書店 2023 年 246 頁、渡辺康行・宍戸常寿・松本和彦・工藤達朗「憲法Ⅰ　基本権　第 2 版」日本評論社 2023 年 346 頁、および宇賀克也「行政法概説Ⅰ　行政法総論　第 8 版」有斐閣 2023 年 105 頁を参照。

ることが求められています。

また、許可制の一種として、一定の知識や技術をもつ人材を確保すること等を目的として、国家試験等の合格者において、特定の仕事をすることができるようにする資格制という制度があります。

例えば、医師、看護師、薬剤師等の医療従事者、弁護士、公認会計士その他特定の専門職について資格制が採用されており、資格を持っていない人がこの資格に関わる仕事をすることはできません[4]。

③ 特許制

上記の許可制とは異なり、本来であれば行うことができないはずの特定の仕事を行うことができるように国が権利や能力を与える制度です。

例えば、電気やガス等の公共事業については特許制が採用されています。

④ 国家独占

特定の仕事を国により独占し、国以外の者がこの仕事をすることができないものとする制度です。

例えば、紙幣や貨幣を作ることは、国により独占された仕事となっています。

なお、鉄道事業、電信電話事業、たばこ事業、郵便事業等のように、かつては国により独占されていた仕事につき、事業経営の効率化等を理由に、国家独占が廃止された例もあります。

（2）医療従事者に関する職業選択の自由の制約方法

上記のように、医療従事者として仕事をすることは、誰にでもできることではなく、医療従事者として仕事をするためには、国家試験に合格した後、医療従事者としての免許を取得するなど、一定の条件を満たす必要があります。

一例として、医師になるための手続方法等を定めている医師法は、医師になるための条件として、以下の国家試験合格および免許取得に関する条件を

---

[4] 国家資格については、資格を有していない者が一定の業務を行うことができない「業務独占資格」の他、保育士、社会福祉士、介護福祉士、精神保健福祉士のように、資格を有していない人がその名称を使用して仕事を行ってはならない「名称独占資格」があります。

定めています。

> **医師法 2 条**
> 　医師になろうとする者は、医師国家試験に合格し、厚生労働大臣の免許を受けなければならない。

　また、以下の医師法の制定目的を述べた条文から、医師になるために一定の条件を課した理由が、患者の健康を確保することにあることがわかります。

> **医師法 1 条**
> 　医師は、医療及び保健指導を掌ることによつて公衆衛生の向上及び増進に寄与し、もつて国民の健康な生活を確保するものとする。

　もし、無条件に、誰でも医師になることができるのであれば、この職業において求められる専門知識や技術を身につけていない者が医療行為を行うことにより、医療事故が多発し、患者が重大な健康被害を生じる可能性があります。
　このような患者の健康被害を防止することを目的として、医師として仕事をするにあたり一定の条件を課すことが医師法において許容されているのです。
　このように仕事をするにあたって一定の条件が課されることは、医師のみならず、国家資格となっている各医療従事者になるための共通ルールとなっており、以下の一覧表のように、各職種に対応する法律において、医療従事者になるためのルール（医療従事者法）が定められています。
　この医療従事者法は、皆さんが医療従事者になるためのルールが記載されているのみならず、医療従事者になった後において医療従事者としてどのような医療行為ができるか、医療従事者として負う仕事上の義務等、医療従事者に関わる重要なルールが記載されています。

医療従事者法の一覧表

医療従事者の職種例	この職種において適用される法律
医師	医師法
歯科医師	歯科医師法
保健師、助産師、看護師	保健師助産師看護師法
薬剤師	薬剤師法
診療放射線技師	診療放射線技師法
臨床検査技師	臨床検査技師法
視能訓練士	視能訓練士法
救急救命士	救急救命士法

11.3 職業選択の自由の制約に関する裁判所の考え方

（1）はじめに

　それでは、公権力により職業選択の自由が制約された事案において、裁判所がどのような判断をしたのかを分析していきましょう。裁判所の考え方を分析するにあたり、10.3 節において触れた小売市場事件と薬事法違憲判決事件を再度取り上げます。

　小売市場事件と薬事法違憲判決事件のいずれの事件も、店舗を作るうえで、都道府県知事の許可を得ようとしたところ、距離制限のルールに抵触することを理由として不許可となった事案です。そして、いずれの事案においても、店舗開設の不許可を通じて、憲法 22 条 1 項の営業の自由が制約されているという点で共通します。

　このように、小売市場事件と薬事法違憲判決事件は、事案が類似していますが、小売市場事件おいては、許可規制が憲法 22 条 1 項に違反しないと判断されたのに対し、薬事法違憲判決事件においては、許可規制が憲法 22 条 1 項に違反すると判断されており、それぞれ裁判所の結論が異なります。

　では、どのような理由により、小売市場事件と薬事法違憲判決事件の結論が異なったのかを比較します。

（２）小売市場事件における裁判所の考え方

　小売市場事件において、最高裁判所は、許可規制が憲法22条1項に違反しないとの判断理由として、以下の判決内容を示しています。

・個人の経済活動に対する法的規制措置については、立法府の政策的技術的な裁量に委ねるほかはなく、裁判所は、立法府の右裁量的判断を尊重するのを建前とし、ただ、<u>立法府がその裁量権を逸脱し、当該法的規制措置が著しく不合理であることの明白である場合に限つて</u>、これを違憲として、その効力を否定することができるものと解するのが相当である。

・本法所定の小売市場を許可規制の対象としているのは、・・・本法一条の立法目的が示すとおり、経済的基盤の弱い小売商の事業活動の機会を適正に確保し、かつ、小売商の正常な秩序を阻害する要因を除去する必要があるとの判断のもとに、その一方策として、<u>小売市場の乱設に伴う小売商相互間の過当競争によって招来されるであろう小売商の共倒れから小売商を保護するためにとられた措置</u>であると認められ、・・・。しかも、・・・過当競争による弊害が特に顕著と認められる場合についてのみ、これを規制する趣旨であることが窺われる。これらの諸点からみると、<u>本法所定の小売市場の許可規制は、国が社会経済の調和的発展を企図するという観点から中小企業保護政策の一方策としてとつた措置ということができ、その目的において、一応の合理性を認めることができないわけではなく、また、その規制の手段・態様においても、それが著しく不合理であることが明白であるとは認められない</u>。そうすると、・・・小売市場の許可規制が憲法二二条一項に違反するものとすることができないことは明らかであつて・・・。

　上記判決において、裁判所は、小売市場が乱立して小売市場内の各店舗の競争が過熱した場合には、店舗の共倒れが生じる危険があり、この危険を防ぐため小売市場の開設において距離制限を設けていると判断しました。このような、経済において弱い立場にある者を保護するための規制を、憲法学上「積極目的規制」といいます。

そして、このような規制目的を踏まえたうえで、裁判所は、距離制限規制を設ける側の判断をできる限り尊重し、規制措置が明らかに間違っているといえる場合に限り憲法22条1項に違反するとの基準を設け、この基準を用いて規制措置が明らかには間違っていないとして憲法22条1項に違反しないとの結論を導きました。この裁判所が用いた基準を「明白の原則」といい、違憲判断をするための基準のなかでも、もっとも緩やかな（合憲であるとの推定が働く）基準となります。

（3）薬事法違憲判決事件における裁判所の考え方

次に、薬事法違憲判決事件において、最高裁判所は、距離制限規制が憲法22条1項に違反するとの判断理由として、以下の判決内容を示しています。

- 裁判所としては、規制の目的が公共の福祉に合致するものと認められる以上、そのための規制措置の具体的内容及びその必要性と合理性については、立法府の判断がその合理的裁量の範囲にとどまるかぎり、立法政策上の問題としてその判断を尊重すべきものである。

- 社会政策ないしは経済政策上の積極的な目的のための措置ではなく、自由な職業活動が社会公共に対してもたらす弊害を防止するための消極的、警察的措置である場合には、許可制に比べて職業の自由に対するよりゆるやかな制限である職業活動の内容及び態様に対する規制によつては右の目的を十分に達成することができないと認められることを要するもの、というべきである。

- これによると、右の適正配置規制は、主として国民の生命及び健康に対する危険の防止という消極的、警察的目的のための規制措置であり、そこで考えられている薬局等の過当競争及びその経営の不安定化の防止も、それ自体が目的ではなく、あくまでも不良医薬品の供給の防止のための手段であるにすぎないものと認められる。

> ・競争の激化—経営の不安定—法規違反という因果関係に立つ不良医薬品の供給の危険が、薬局等の段階において、相当程度の規模で発生する可能性があるとすることは、単なる観念上の想定にすぎず、確実な根拠に基づく合理的な判断とは認めがたいといわなければならない。・・・設置場所の地域的制限のような強力な職業の自由の制限措置をとることは、目的と手段の均衡を著しく失するものであつて、とうていその合理性を認めることができない。・・・立法府の判断は、その合理的裁量の範囲を超えるものであるといわなければならない。

　上記判決において、裁判所は、距離制限規制を設ける側の判断をできる限り尊重するという点において、小売市場距離制限事件と同様の考えに立っています。
　もっとも、裁判所は、小売市場距離制限事件とは異なり、薬事法に基づく距離制限を設けた目的が、不良医薬品が供給される危険を防止し、ひいては「患者の生命及び健康に対する危険を防止することにある」という点に着目しました。このような、社会における弊害を防止するための規制を、憲法学上「消極目的規制」といいます。
　そして、裁判所は、このような消極目的規制の合憲性については、小売市場事件において用いられた「明白の原則」を用いて判断するべきではなく、規制目的を達成するためにより緩やかな規制手段があるか否かという基準である「厳格な合理性の基準」によって判断するべきであると考えました。この「厳格な合理性の基準」は、公権力の判断を尊重して緩やかに審査するという点において「明白の原則」と共通しますが、「明白の原則」よりも違憲性が認められやすい基準となります。
　そのうえで、裁判所は、薬局の競争の過熱による不良医薬品の供給の危険が現実に発生するリスクが低いこと、このような低いリスクを防止するために、距離制限という強力な規制手段をとることは、規制目的を達成するための規制手段として重すぎることを理由に、距離制限規制が憲法22条1項に違反するとの結論を導きました。

（4）規制目的二分論

　憲法学上においては、以上の二つの裁判所の考え方を整理し、規制目的が社会における弊害を防止する「消極目的規制」である場合には、「厳格な合理性の基準」を用いて違憲性を判断し、規制目的が経済において弱い立場にある者を保護する「積極目的規制」である場合には、「明白の原則」を用いて違憲性を判断するというように考えられています。

　このように規制目的に応じて、異なる違憲審査基準を用いる方法を、憲法学上、「規制目的二分論」とよんでいます。

緩やかな審査のなかにおいて違憲になりやすい

↑

消極目的規制
【厳格な合理性の基準】

↓

積極目的規制
【明白の原則】

緩やかな審査のなかにおいて違憲になりにくい

　ただし、要指導医薬品について薬剤師の対面による販売を義務付けることによりインターネットによる販売を規制する法律が憲法22条1項に反するか否かが問題となった裁判[5]においては、規制目的が消極目的であることを前提としつつも、「厳格な合理性」の基準を用いることなく、違憲性判断をしています。このような、裁判所の考え方を踏まえ、憲法学上においては、規制目的二分論の考え方が徐々に衰退しつつあるものと考えられています[6]。

　なお、規制目的については、消極目的、積極目的いずれかに分類すること

---

[5] 最高裁令和3年3月18日第一小法廷判決　民集75巻3号552頁、裁時1764号1頁、判タ1487号92頁、判時2499号3頁
[6] 芦部信喜　高橋和之補訂「憲法　第八版」岩波書店　2023年　251頁から252頁を参照。

が困難なケースがあります。例えば、酒類販売業の許可制が憲法22条1項に反するかが問題となった裁判[7]は、規制目的が消極目的、積極目的いずれにも分類できないケースでした。このケースにおいて、裁判所は、「厳格な合理性の基準」や「明白の原則」と異なる基準を用いて違憲性判断をしています。

---

[7] 最高裁平成4年12月15日第三小法廷判決（民集46巻9号2829頁、判時1464号3頁、判タ823号70頁）

第12講

財産権

　本講のテーマは、財産権です。私たちは普段の生活で、さまざまな物を買い、使っています。このように物を自由に使えるのは、憲法によって、私たちの「財産権」が保障されているからです。しかし、この権利は、決して無制限に保障されているわけではありません。国が必要だと判断したときには、私たちの財産が取り上げられることもあります。

　本講においては、まず「財産権」とは何か、その基本的な内容を説明します。そして、どのような状況において財産権が制約されるのか、財産権が制約された際に制約された人の損失がどのように補填されるのか等を学びます。

12.1 財産権とは何か

> **憲法第 29 条 1 項**
> 　財産権は、これを侵してはならない。

　上記憲法 29 条 1 項において定められている財産権とは、人が財産を取得した場合にはそれを使ったり、売ったり、貸したりして自由に利用し処分する権利を意味します。

　この「財産」という言葉を聞く際、多くの方は、目に見える物を想像するでしょう。例えば、医療に関していえば、病院がある土地や建物といった不動産、病院内にある CT や MRI 等の医療機器や医薬品等の動産については、全て目に見える「財産」です。これらの目に見える「財産」を、有体財産と

いいます。

　他方で、この「財産」には、目に見えない「財産」も含まれます。例えば、患者の治療において画期的な医療機器や医薬品が発明された場合には、発明した人においてこの医療機器や医薬品を独占的に製造販売する特許権を取得することができます。また、製薬会社や医療機器メーカーの社名、製品名、もしくはロゴ等、会社のブランドにつながるものを保護するため、各社はこれらを独占的に使用することができる商標権を取得することができます。さらに、医療従事者が執筆した書籍や学術論文等に記載された個性的な文章内容については著作権として保護され、一定の場合を除き他人が執筆者の許可なくコピーし、もしくはコピーした書籍等を販売することができません。これらの目に見えない「財産」を、無体財産といいます。

　このように憲法29条1項は、人々に対し、目に見える財産や目に見えない財産といったさまざまな種類の財産を持つ権利を保障しているのです。

　また、憲法29条1項は、人に対して、財産権を与えるだけではなく、財産を取得するための手続や取得した財産を保持する仕組みを法律等により創設する、いわゆる「私有財産制」を保障しています。例えば、民法においては、売買契約や贈与契約という人が人に物を譲り渡すための約束をすることにより、他人から物を取得することを認めています。そして、この物を取得した人は、民法により、その物を支配する権利（これを「所有権」といいます）を与えられ、取得した物を自由に使い、売り、貸すことができ、他人がこの支配を妨げることはできません。

　このように、憲法29条1項は、人が財産を取得して保持するためのルールを作ることを保障することにより、人に対する財産権の保障をより確実なものとしているのです[1]。

---

[1]　森林法共有林事件（最高裁昭和62年4月22日大法廷判決　民集41巻3号805頁、判時1227号21頁、判タ633号93頁）においては、「私有財産制度を保障しているのみでなく、社会的経済的活動の基礎をなす国民の個々の財産権につきこれを基本的人権として保障する」との判断が示されており、裁判所においても、憲法29条1項において私有財産制が保障されているとの考えに立っていることがわかります。

12.2 財産権に対する制約について

（1）財産権に対する制約方法

憲法第 29 条 2 項
　何人も、<u>公共の福祉に反しない限り</u>、居住、移転及び職業選択の自由を有する。

　上記のように、憲法 29 条 2 項においては、「公共の福祉」（ないし社会全体の利益）の名のもと、例外的に財産権について一定の制約を課すことが許容されています。

　例えば、製薬会社が開発した医薬品や医療機器メーカーが開発した医療機器は、開発した医薬品や医療機器を日本国内において製造販売するため、国の許可を得ることが法律上[2]求められており、開発した医薬品や医療機器に関する財産権に関する制約が課されています。なぜなら、開発された医薬品や医療機器を患者に対して使用した際の安全性が十分に確認されないまま、日本国内に流通した場合、使用した患者の健康状態が悪化する等の重大な社会問題に発展する可能性があるからです。

　また、エボラ出血熱、結核、コレラその他特定の感染症が日本国内において蔓延する社会問題が発生した場合においては、蔓延防止のため、都道府県知事により、これらの感染症の病原体に汚染されており、もしくは汚染された可能性がある食べ物や衣類等の廃棄を命じることが法律上[3]認められています。

（2）財産権に対する制約に関する憲法学上の考え方

　この財産権に対する制約がどの程度まで許容されるのかという問題については、財産権と同じく経済的自由権の一種である職業選択の自由の規制問題に関する規制目的二分論の考え方（11.3 節）を用いることが憲法学上の考え方としてあります。

---

[2]　医薬品、医療機器等の品質、有効性及び安全性の確保等に関する法律
[3]　感染症の予防及び感染症の患者に対する医療に関する法律

すなわち、財産権に関する規制目的が社会における弊害を防止する「消極目的規制」である場合には、規制目的を達成するためにより緩やかな規制手段があるか否かという基準である「厳格な合理性の基準」を用いて違憲性を判断し、規制目的が経済において弱い立場にある者を保護する「積極目的規制」である場合には、規制措置が明らかに間違っているといえる場合に違憲となる「明白の原則」を用いて判断します。もっとも、後述のように、裁判所においては、規制目的二分論の考え方は用いられていません。

（3）財産権に対する制約に関する裁判所の考え方

　財産権制約に関する裁判所の考え方を分析するための参考として、森林法共有林事件（最高裁昭和62年4月22日大法廷判決　民集41巻3号805頁、判時1227号21頁、判タ633号93頁）[4]を取り上げます。

　この事件においては、法律において、森林を共有する人たちにおける森林の分割が認められていないことが問題となりました。

　まず、この事件を理解するにあたっては、財産に関する単独所有と共有の違いを理解する必要があります。通常、物や不動産等の財産を取得するにあたり、この財産を取得した者は、この取得した財産を自由に使ったり、売ったり、貸したりして自由に利用し処分する権利を取得します。このように一つの財産について、一人が利用処分する権利を取得する状態を「単独所有」といいます。他方で、一つの財産について、二人以上の者が利用処分する権利を取得する状態を「共有」といいます。この共有状態にある財産については、民法により共有状態を解消して財産を分割し、各共有者が分割した財産を単独で取得する方法が認められています。例えば、土地が共有状態にある場合には、各共有者の権利支配割合（これを「持分」といいます）に応じて、一つの土地を分割（分筆）し、各共有者が分割された土地を単独で取得することができるのです。

　このように、共有状態にある財産については、共有者であれば誰でも自由に分割することが認められていますが、かつての森林法においては、森林が

---

[4]　詳細は、長谷部恭男・石川健治・宍戸常寿編「憲法　判例百選Ⅰ　第7版」有斐閣 2019年 208頁から209頁を参照。

共有状態にある場合において、持分価格が全体の 2 分の 1 以下の共有者による分割請求を否定していました。

そのため、この事件においては、父から一つの森林の共有持分を 2 分の 1 ずつ貰い受けた二人の子供が、いずれもこの森林の共有状態を解消することができませんでした。そして、森林経営を巡って意見が対立した二人の子供のうち一人が、森林の共有物分割を認めないことは財産権を保障した憲法 29 条 2 項に違反するとして裁判所に訴えるに至りました。

この事件において、裁判所は、以下の考え方を用いて、この森林法による共有物分割の制限が憲法 29 条 2 項に違反すると判断しました。

・財産権に対し規制を要求する社会的理由ないし目的も、社会公共の便宜の促進、経済的弱者の保護等の社会政策及び経済政策上の<u>積極的</u>なものから、社会生活における安全の保障や秩序の維持等の<u>消極的</u>なものに至るまで多岐にわたるため、種々様々でありうるのである。したがつて、財産権に対して加えられる規制が憲法二九条二項にいう公共の福祉に適合するものとして是認されるべきものであるかどうかは、規制の目的、必要性、内容、その規制によつて制限される財産権の種類、性質及び制限の程度等を比較考量して決すべきものであるが、裁判所としては、立法府がした右比較考量に基づく判断を尊重すべきものであるから、<u>立法の規制目的が前示のような社会的理由ないし目的に出たとはいえないものとして公共の福祉に合致しないことが明らかであるか、又は規制目的が公共の福祉に合致するものであつても規制手段が右目的を達成するための手段として必要性若しくは合理性に欠けていることが明らかであつて、そのため立法府の判断が合理的裁量の範囲を超えるものとなる場合に限り、当該規制立法が憲法二九条二項に違背するもの</u>として、その効力を否定することができるものと解するのが相当である。

・同条（森林法）の立法目的は、・・・森林の細分化を防止することによつて<u>森林経営の安定を図り</u>、ひいては森林の保続培養と森林の生産力の増進を図り、もつて国民経済の発展に資することにあると解すべきである。

この判決において、裁判所は、規制目的につき「積極的」なもの「消極的」なものがあることを述べつつ、森林法において共有物分割を制限した目的が「森林経営の安定」という「積極目的」であると判断しました。ただし、この事件において、裁判所は、規制目的二分論における「積極目的規制」の判断基準である「明白の原則」を用いることなく、薬事法違憲判決（11.3 節）において用いられた「消極目的規制」の判断基準である「厳格な合理性の基準」に類似した判断基準を用いて、違憲性を判断しています。

このことから、憲法学上は、裁判所が財産権に対する制約場面において規制目的二分論の考え方を用いていないとの考え方があります[5]。

12.3 損失補償

（1）損失補償とは何か

国、都道府県や市区町村において、道路を拡張し、学校や病院を建設する等の公共事業を行う際、他人が所有する土地を取得する必要が生じる場合があります。例えば、特定の市において、医療の需要が高まっているものの、市内において病院の数が少なく医療提供体制に乏しいため、市が新たに病院を建設しようとします。その際、市としては、病院の建設ため、患者の利便性や自然災害からの安全性等の立地条件がそろった土地を確保する必要があることでしょう。その土地を確保するにあたっては、市が土地の所有者から買い上げの同意を得ることによって、市が土地を取得する場合もありますが、なかには土地の所有者の同意が得られず、話し合いによっては解決しない場合もあります。このように、公共事業を行うために、土地の取得が必要となるものの、土地の所有者から買い上げの同意が得られない場合において、強制的に土地を買い上げて、土地を取り上げることが行われます（これを、土地収用といいます）。

---

[5] 渡辺康行・宍戸常寿・松本和彦・工藤達朗「憲法Ⅰ　基本権　第 2 版」日本評論社 2023 年 367 頁から 368 頁。なお、森林法共有林事件後における証取法事件（最高裁平成 14 年 2 月 13 日大法廷判決　民集 56 巻 2 号 331 頁、判時 1777 号 36 頁、判タ 1085165 頁）において、最高裁は「消極目的」「積極目的」という言葉を用いることなく判断をしています。

この土地収用は、憲法29条2項における財産権の制約にあたりますが、以下の憲法29条3項においては、この条文に定める要件を満たす場合において、財産を収用し、もしくは財産権を制限することが認められています。

> **憲法第29条3項**
> 私有財産は、正当な補償の下に、これを公共のために用ひることができる。

そして、このような財産の収用等が行われる際に、憲法29条3項に基づいて、財産を失った者の損失を金銭の支払い等をもって補填することを「損失補償」といいます[6]。

（2）財産収用等の要件

国、都道府県および市区町村は、上記憲法29条3項を踏まえた以下の①から③の要件を満たす場合において、財産を収用し財産権を制限することができます。

① 公共のために用いる

憲法29条3項においては、「公共のために用いる」と収用等の要件が定められています。この「公共のために用いる」とは、収用等の目的が社会全体や特定の地域社会において利益になる場合を指します。典型例としては、先ほど例にあげた道路、学校および病院の建設のほか、鉄道、公園、ダムの建設のような公共事業のための収用があげられます。

② 補償の要否

次に、憲法29条3項は、財産を収用・制限された人に対して「正当な補償」（例えば、収用された土地の価値に応じて一定の金銭を支払う）をすることを求めています。ただ、この「正当な補償」はいかなる場合にお

---

[6] 損失補償は、通常、土地収用法等の法律の規定に基づき、実施されます。しかし、法律上の規定を欠く場合においても憲法29条3項を直接の根拠規定として、損失補償をすることができるものと一般的に考えられています（芦部信喜　高橋和之補訂『憲法　第八版』岩波書店 2023年 261頁）。

いても必要となるのではなく、財産を収用・制限された人において「特別な犠牲」が生じた場合において、補償を必要とするものと憲法学上考えられています。

そして、この「特別な犠牲」とは、ⅰ財産を収用・制限の対象が、広く一般人ではなく、特定の個人に対してのみ及ぶものであって、かつⅱ財産権侵害の強度が、財産権の内在的制約として受忍すべき程度のものに止まらず、財産権の本質的内容を侵すものである（財産権をはく奪する、もしくは財産の本来の効用が発揮することを妨げる）ことを意味します[7]。

③ 正当な補償

最後に、上記②の「特別な犠牲」にあたるものとして「正当な補償」が必要となります。ただし、この「正当な補償」としてどの程度の補償をしなければならないのかについては、憲法学上、議論があります。

この補償の程度に関する一つの考え方として、補償の対象となる財産の客観的な市場価値を全額補償するべきであるとする考え方（完全補償説）があります。

もう一つの考え方として、補償の対象となる財産について合理的に算定される金額であれば市場価格を下回ってもよいとする考え方（相当補償説）もあります[8]。

---

[7] 裁判所において、同趣旨の判断がなされた事件として、河川附近地制限事件（最高裁昭和43年11月27日大法廷判決　刑集22巻12号1402頁、判時538号12頁、判タ229号256頁）があります。

[8] 農地改革事件（最高裁昭和28年12月23日大法廷判決　民集7巻13号1523頁、判時18号3頁）において、裁判所は相当補償説に立っていると理解されています。他方で、土地収用法事件（最高裁昭和43年10月18日第一小法廷判決　民集27巻9号1210頁）において、裁判所は完全補償説に立っていると理解されています。以上のように、裁判所が、完全補償説と相当補償説いずれの立場に立っているのかは明らかではありません。

12.4 予防接種事故と損失補償について

（1）損失補償とは何か

憲法29条3項は、国の適法な行為により「財産権」が制約された場合の救済方法を定めたものであり、国の適法な行為によって「人の生命や健康」が害された場合の救済方法を定めたものではありません。

国の行為によって人の生命や健康が害された場合における救済方法として、国家賠償制度（第15講において取り上げます）がありますが、この制度による救済は、国の行為が不適法であることが前提となります。

そこで、国の適法行為によって人の生命や健康が害された場合において、財産権の制約に対する救済方法を定めた憲法29条3項により被害者を救済することができるかどうかという点が問題となります。

そして、国の主導により予防接種が行われた結果、一部の人々において健康被害が生じた場合、上記のように憲法29条3項の損失補償により、被害者を救済することができないかということが問題となります。

以下においては、予防接種による健康被害に関して概説するとともに、憲法29条3項の損失補償により予防接種による被害者を救済することができるか否かが問題となった裁判を紹介します。

（2）予防接種とは何か

予防接種とは、人が体内にワクチンを接種することによって特定の病気を予防するための免疫効果を得ることをいいます。18世紀にイギリスの医師エドワード・ジェンナーが天然痘ワクチンを開発して以降、さまざまな病気を予防するためのワクチンが開発され、多くの人々に対し使用され続けています。

この予防接種によって、病気を予防するための免疫が効果を得るという「主作用」が生じる反面、免疫効果を得る以外の反応である「副反応」が人の体に生じる場合があります。この副反応については、接種部位の痛み、発熱、頭痛等が一時的に生じるほか、極めて稀にではありますが死亡や重篤な後遺障害が生じる場合があります。

そして、このようなワクチン接種の副反応による健康被害が、度々大きな社会問題となっています。

予防接種による主な健康被害

健康被害の発生時期	健康被害の内容
1948 年	ジフテリア予防接種による死亡等
1970 年	種痘禍
1975 年	DPT ワクチン接種後の死亡例
1989 年	MMR ワクチン接種後の無菌性髄膜炎
1994 年	生ワクチン接種によるゼラチンアレルギー
2005 年	日本脳炎ワクチン接種後の ADEM 症例の報告
2011 年	生ポリオワクチン接種後の麻痺（VAPP）
2013 年	HPV ワクチン接種後の慢性疼痛を訴える症例報告

（週間医学会新聞 第 3058 号 2014 年 1 月 6 日号より抜粋）

（3）予防接種事故の救済方法に関する裁判所の考え方

上記のように予防接種により健康被害が生じた場合において、憲法 29 条 3 項の損失補償により、被害者を救済することができないかという点が問題となった事件（東京地裁昭和 59 年 5 月 18 日判決　訟月 30 巻 11 号 2011 頁、判時 1118 号 28 頁、判タ 527 号 165 頁）を紹介します[9]。

1952 年から 1974 年の間において、国の主導により日本国内において子供らに対し、インフルエンザワクチン、種痘、ポリオ生ワクチン、百日咳ワクチン等の各ワクチン接種が実施されました。ところが、このワクチン接種による副反応によって、接種をした子供らが死亡し、または後遺障害が発生するという健康被害が生じました。そこで、上記の健康被害を被った子供らやその両親らは、国に対して、損失補償等を求めました。

東京地方裁判所は次の理由により、憲法 29 条 3 項に基づき、被害者側に

---

[9] 詳細は、長谷部恭男・石川健治・宍戸常寿編「憲法　判例百選 I　第 7 版」有斐閣 2019 年　222 頁から 223 頁を参照。

対する損失補償を認めました。

> ・予防接種には不可避的に発生する副反応により、死亡その他重篤な身体障害を招来し、その結果、全く通常では考えられない<u>特別の犠牲</u>を強いられたのである。このようにして、一般社会を伝染病から集団的に防衛するためになされた予防接種により、<u>その生命、身体について特別の犠牲を強</u>いられた各被害児及びその両親に対し、右犠牲による損失を、これら個人の者のみの負担に帰せしめてしまうことは、・・・閑視することは到底許されるものではなく、かかる損失は、本件各被害児らの<u>特別犠牲</u>によって、一方では利益を受けている国民全体、即ちそれを代表する被告国が負担すべきものと解するのが相当である。
>
> ・<u>生命</u>、身体に対して特別の犠牲が課せられた場合においても、右憲法二<u>九条三項を類推適用</u>し、かかる犠牲を強いられた者は、直接憲法二九条三項に基づき、被告国に対し正当な補償を請求することができると解するのが相当である。

　この裁判所における考え方のポイントは、国側の適法行為により発生した予防接種事故により、接種した子供らにおいて特別な犠牲が生じたことを踏まえ、財産に対する特別な犠牲が生じた場合に用いる憲法29条3項を類推適用することによって、子供らおよび両親らを救済した点にあります。

　類推適用とは、ある事案に対して、直接そのまま適用できる憲法や法律の条文がない場合に使われる条文解釈方法です。具体的には、「この条文はなぜ作られたのか？」という条文の目的や趣旨を考慮し、この条文の本来の適用事案と類似する事案においても、その条文を適用します。

　本件は、予防接種事故が人の生命や健康が害された事案であり、憲法29条3項が本来予定している財産権が制約された事案とは異なります。しかし、憲法29条3項は、国の適法行為によって人に特別の犠牲が生じた場合において補償により救済することを目的としており、予防接種事故においても、特別の犠牲が生じた人を救済するべきである点は、本来の適用事案と類似しま

110　第 12 講　財産権

す。そのため、本件においては、憲法 29 条 3 項を類推適用することによって、子供らおよび両親らの救済をしたのです[10]。

（4）予防接種健康被害救済制度

また、予防接種により健康被害が生じた場合の救済方法は、損失補償や国家賠償制度に限られません。

1976 年（昭和 51 年）において、予防接種法の改正により、予防接種の副反応により健康被害が生じた場合において金銭を給付する予防接種による健康被害を救済するための制度が作られました。予防接種による健康被害が生じた場合には、この制度を利用することを通じても被害者救済を実現することが可能です。

予防接種健康被害救済制度における申請から認定・支給までの流れ

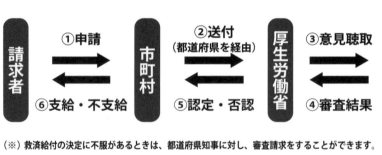

（厚生労働省ホームページより）

---

[10] 本事案の控訴審（東京高等裁判所という上級裁判所における再度の審理手続）においては、憲法 29 条 3 項の適用があるのは財産権の侵害がある場合に限られる等として、予防接種事故における憲法 29 条 3 項の類推適用を否定しました。ただし、東京地方裁判所における判断とは異なり、国の行為において過失があることを認め、不適法行為があった場合において適用される国家賠償制度をもって救済をしています。

第13講

社会権

　本講のテーマは、社会権です。憲法における社会権の保障に基づき、国は人々の生活を支えています。例えば、高齢者や障害者等に対する生活支援、病気や怪我をした患者に対する治療費の支援、学校教育の提供や働く機会の保障等、国はさまざまな場面において、人々の生活を支えています。

　本講においては、このように人々の生活を支える根拠となっている社会権の具体的内容を中心に概説します。

13.1 社会権とは何か

　社会権とは、生存権（憲法25条）、教育を受ける権利（憲法26条）、勤労の権利（憲法27条）、および労働基本権（憲法28条）の総称です。

　19世紀の終わりから20世紀にかけて多くの国々では、資本主義経済の発展にともない、富が一部の人々に集中し、人々における貧富の差が拡大するにつれ、社会的弱者の存在が問題となりました。このような社会的弱者を保護するため、20世紀になり、多くの国において、国の社会に対する積極的な介入行為が必要となるものと認識され、社会保障制度等が導入されるようになりました。また、1919年にドイツにおいて制定されたワイマール憲法をはじめ、各国が憲法において社会権規定を導入するに至りました。そのような歴史的経緯のなか、日本国憲法においても、社会権に関する規定が導入されています。

　これまでにおいて学びました精神的自由権や経済的自由権は、国が人々の行為に介入することを抑制する「自由権」ないしは「国家からの自由」とし

ての性格をもっています。

これに対して、社会権は、主に人々が国に対して一定の行為をするよう求める「請求権」ないしは「国家による自由」としての性格を持っており、精神的自由権や経済的自由権とは権利の性質が異なっています[1]。

それでは、社会権を構成する、生存権、教育を受ける権利、勤労の権利、および労働基本権が憲法上どのように定められているのかを見ていきましょう。

13.2 生存権について

(1) 生存権とは何か

憲法第 25 条 1 項
　すべて国民は、健康で文化的な最低限度の生活を営む権利を有する。

憲法第 25 条 2 項
　国は、すべての生活部面について、社会福祉、社会保障及び公衆衛生の向上及び増進に努めなければならない。

上記の憲法 25 条 1 項は、国民のうち、社会的弱者に対し「健康で文化的な最低限度の生活」を保障しています。これを生存権といい、この生存権はすべての社会権の基本となるルールとして定められています。

また、上記の憲法 25 条 2 項は、国が生存権の実現に向けて努力する義務を負うこと定めています。そのため、国は、憲法 25 条 1 項の生存権を実現するための法律を作り、この法律に基づき社会的弱者保護のための施策を実施しています。憲法 25 条 2 項において明示されている国が作る法律の分野としては、①「社会福祉」②「社会保障」および③「公衆衛生」があげられています。

---

[1] なお、社会権のうち、教育を受ける権利や労働基本権等、自由権としての性質を有する権利もあります。

憲法 25 条 2 項に基づき制定されている法律一覧

法律の分野	法律名
社会福祉	生活保護法、老人福祉法、児童福祉法、身体障害者福祉法、母子及び父子並びに寡婦福祉法など
社会保障	国民健康保険法、国民年金法、厚生年金保険法、介護保険法など
公衆衛生	感染症の予防及び感染症の患者に対する医療に関する法律（感染症法）、検疫法、予防接種法、食品衛生法、環境基本法、大気汚染防止法など

（渡辺康行・宍戸常寿・松本和彦・工藤達朗「憲法Ⅰ　基本権　第 2 版」日本評論社 2023 年　392 頁から 393 頁を元に一覧表を作成）

　まず、「社会福祉」とは、後述の社会保障の一分野であり、高齢者、児童、障害者など、社会保険ではカバーできない特別の援助を必要とする者に対して、日常生活の援護、更正指導その他援護育成を行うことをいいます。この具体例として、生活保護制度（生活に困窮する人に対して、困窮の程度に応じて生活をするための費用を支給する制度）が挙げられます。

　次に、「社会保障」とは、死亡、病気、怪我、出産・育児等、一個人・一家族では負担しきれない危険から国民生活を守るために、社会保険や公的扶助の制度を設けることをいいます。この具体例としては、医療保険制度や介護保険制度があります。医療保険制度とは、病気や怪我をした患者が、病院や診療所において治療や検査を受けた場合において、この患者が支払うべき治療費等対価のうち、一定割合を国側が負担することにより、人々が生活に困窮することを防止する仕組みです。また、介護保険制度とは、加齢にともなう病気により介護を必要とする高齢者に関するホームヘルプサービスやデイサービス等の介護サービス費用の一部を国側が負担することにより、高齢者の介護を社会全体で支え合う仕組みです[2]。

　最後に、「公衆衛生」とは、感染症などの疾病予防、食品の衛生管理などのほか、国民の健康的な生活を保持し増進する活動を広く意味します。また、

---

[2]　詳細は、大滝恭弘編著「医療系学部のための『医療と社会』入門　第 3 版」ムイスリ出版 2024 年　15 頁から 34 頁を参照。

水や空気の安全を維持し、良好な環境を保全し、回復することも含みます。具体例として、第12講において紹介した予防接種制度があげられます。風しん・麻しん混合ワクチンや日本脳炎ワクチン等、伝染病を予防するためのワクチンの一部については、国側の費用負担により、一定の年齢において接種をする仕組みが作られています（これを「定期接種」といいます）。このように多くの人々がワクチン接種をすることにより、一人一人が感染症にかかることを予防するのみならず、多くの人々が免疫をもつことにより、集団内において感染者が出た場合においても、他の人に感染しにくくなる効果（これを「集団免疫」といいます）を社会全体において獲得することができます[3]。

（2）生存権の法的性格

　上記のように、日本においては、憲法25条2項に基づき、さまざまな種類の生存権を保障するための法律が作られています。

　では、現在作られている法律のみでは、人々に対する生存権保障が不十分であるという意見が出た場合において、国はどの程度、人々の声を反映して憲法25条1項に基づき生存権保障の制度を作る義務を負うのでしょうか。

　この憲法25条1項の法的性格に関し、憲法学上においては同項に法的な意味はなく、国は生存権保障の制度を作る義務を負わないとする考え（プログラム規定説）や、同項において国は生存権保障の制度を作る義務があり、人々は国が生存権保障制度を作ることを怠っている場合において、裁判所に対する訴訟提起を通じて、法律を作るよう求めることができるとする考え方（具体的権利説）があります。

　しかし、一般的には、憲法25条1項は、国に対して生存権保障の制度を作る義務を負わせているものの、国が生存権を具体化する特定の分野に関する法律を作った段階において、この特定の分野に関する法律による生存権保障が不十分であることを、裁判所に対する訴訟提起によって争うことができることを定めていると考えられています（抽象的権利説）。

---

[3] 詳細は、大滝恭弘編著「医療系学部のための『医療と社会』入門 第3版」ムイスリ出版 2024年 175頁から186頁を参照。

（3）生存権の法的性格に関する裁判所の考え方

続いて、生存権の法的性格について、裁判所はどのように考えているのかを分析します。

今回紹介するケースは、生活保護法に基づき、生活保護を受けている者が、生活保護内容が不十分であることを理由として、訴訟提起をした事案となります（最高裁昭和 42 年 5 月 24 日大法廷判決　民集 21 巻 5 号 1043 頁、判時 481 号 9 頁、判タ 206 号 204 頁）[4]。朝日茂氏が、原告となった訴訟であることから、朝日氏の名前をとり、朝日訴訟とよばれています。

朝日氏は、肺結核の患者として国立の療養所に入所し、月 600 円の日用品を購入するための金銭の支給（生活扶助）、並びに朝日氏に発生する医療費を全て国側が負担する（医療扶助）という生活保護を受けていました。

ところが、朝日氏は昭和 31 年に兄から月 1,500 円の送金を受けるようになったため、同年に市は月 600 円の支給を打ち切り、かつ、この毎月の送金額 1,500 円から、生活扶助の基準額である 600 円を控除した残額 900 円を、毎月、朝日氏において医療費の一部として負担させる（医療費の残額は国側が負担する）旨の保護内容の変更を決定しました。

そこで、朝日氏は、上記生活扶助の基準額である月 600 円が、「健康で文化的な最低限度の生活」を保障した憲法 25 条 1 項および生活保護法に違反すると主張し訴訟提起をしました。

なお、昭和 31 年当時の物価は次ページのとおりです。

---

4) 詳細は、長谷部恭男・石川健治・宍戸常寿編「憲法　判例百選Ⅱ 第 7 版」有斐閣 2019 年 286 頁から 287 頁を参照。

第 13 講　社会権

昭和 31 年当時の物価

牛乳 1 本　13.9 円
しょうゆ 1 本　156.0 円
米 5kg　89.3 円
茶碗 1 個　24.3 円
鍋 1 個　237.0 円

　朝日氏は、最高裁判所における審理が行われるなかにおいて死亡したため、最高裁判所は、本件訴訟手続きが終了したと判断しつつも、傍論（裁判所の結論を導くための理由とはならない裁判所の意見）として、以下の理由により、保護内容の変更決定は違法ではないとの判断を示しました。

・憲法二五条一項は、「すべて国民は、健康で文化的な最低限度の生活を営む権利を有する。」と規定している。この規定は、すべての国民が健康で文化的な最低限度の生活を営み得るように国政を運営すべきことを国の責務として宣言したにとどまり、直接個々の国民に対して具体的権利を賦与したものではない（昭和二三年（れ）第二〇五号、同年九月二九日大法廷判決、刑集二巻一〇号一二三五頁参照）。具体的権利としては、憲法の規定の趣旨を実現するために制定された生活保護法によって、はじめて与えられているというべきである。

・しかし、健康で文化的な最低限度の生活なるものは、抽象的な相対的概念であり、その具体的内容は、文化の発達、国民経済の進展に伴つて向上するのはもとより、多数の不確定的要素を綜合考量してはじめて決定できるものである。したがつて、何が健康で文化的な最低限度の生活であるかの認定判断は、いちおう、厚生大臣の合目的的な裁量に委されており、その判断は、当不当の問題として政府の政治責任が問われることはあつても、直ちに違法の問題を生ずることはない。ただ、現実の生活条件を無視して著しく低い基準を設定する等憲法および生活保護法の趣旨・目的に反し、法律によつて与えられた裁量権の限界をこえた場合または裁量権を濫用した場合には、違法な行為として司法審査の対象となることをまぬかれない。

・原判決の確定した事実関係の下においては、本件生活扶助基準が入院入所患者の最低限度の日用品費を支弁するにたりるとした厚生大臣の認定判断は、与えられた裁量権の限界をこえまたは裁量権を濫用した違法があるものとはとうてい断定することができない。

　上記裁判所の考え方のポイントとして、①憲法 25 条 1 項の生存権は具体的権利ではないが、生活保護法により具体的権利性が与えられていること、②何が「健康で文化的な最低限度の生活」かの判断につき国側に広い裁量があり、裁量を逸脱濫用した場合においてのみ違法行為として司法審査の対象となることがあげられます。これらのポイントから、裁判所は、憲法 25 条 1 項の具体的権利性を否定しつつも、生活保障が不十分である場合において訴訟提起により争う余地を残しており、抽象的権利説に立つものと理解することができます。

　また、その後において、児童扶助手当法が定める障害福祉年金と児童扶養手当の併給禁止規定が争われた堀木訴訟（最高裁昭和 57 年 7 月 7 日大法廷判決　民集 36 巻 7 号 1235 頁、判時 1051 号 29 頁、判タ 477 号 54 頁）において、最高裁判所は、国側における法律の制定方法につき広い裁量を認めつつも、裁量を逸脱濫用する場合には司法審査の対象となるとの判断を示しており、

同じく抽象的権利説に立つものと理解することができます。

13.3 教育を受ける権利について

(1) 教育を受ける権利とは何か

人が将来の生き方を自分自身で決めるためには、教育を受けることによって、その生き方をするうえで求められる能力を身につけることが必要となります。

例えば、将来、医師や看護師になりたいと考える人が、それらの職業に就くためには、患者に対して適切な医療を行えるよう、学校教育により医学知識や技術等を身につけることが必要です。

このように、人が将来の生き方を自分自身で決められるように、憲法26条1項は、以下のように、国が教育制度や教育施設等を提供することによって、すべての人が差別を受けることなく平等に教育を受けることができる権利を保障しています。

> **憲法第 26 条 1 項**
> すべて国民は、法律の定めるところにより、その能力に応じて、ひとしく教育を受ける権利を有する。

そして、憲法学上、この教育を受ける権利は、特に子供における教育を受ける権利（子供の学習権）を保障したものであると理解されています。なぜなら、子供は、社会において自立して生きていくための土台ができていない段階にあり、自分の将来の生き方を決めるうえで、どのような教育を受ける必要があるのかがわからず、受けるべき教育の内容を自ら選択することができない場合が一般的であるからです。

裁判所においても、「みずから学習することのできない子供は、その学習要求を充足するための教育を自己に施すことを大人一般に対して要求する権利を有するとの観念が存在していると考えられる。」との判断を示しており（旭川学テ事件　最高裁昭和51年5月21日大法廷判決　刑集30巻5号615

頁、判時 814 号 33 頁、判タ 336 号 38 頁)、憲法 26 条 1 項により子供の学習権が保障されていることを認めています。

また、この憲法 26 条 1 項は、国による公教育の提供を受ける権利という社会権としての性質のみではなく、人が、国により、既に存在する教育制度や教育施設等を利用して教育を受けることを不当に妨げられない自由権としての性質もあります。

(2) 義務教育

小学校や中学校において、子供は、国語、算数、理科、社会など日本全国において子供が学ぶ必要があると考えられている基礎的な内容の教育、すなわち普通教育を受けています。

憲法 26 条 2 項においては、憲法 26 条 1 項における子供の学習権を実質的に保障するため、保護者に対し、子供にこの普通教育を受けさせる義務を課しています。この教育は、「義務教育」とよばれています。

そして、憲法 26 条 2 項は、この義務教育に関する費用を無償とすることを定めています。

> **憲法第 26 条 2 項**
> すべて国民は、法律の定めるところにより、その保護する子女に普通教育を受けさせる義務を負ふ。義務教育は、これを無償とする。

義務教育に関する費用としては、教科書やノート、鉛筆などの学用品、あるいは自宅から学校までの通学にかかる交通費などが考えられますが、一般的に、憲法 26 条 2 項は、授業料を保護者から徴収せず、その他の費用については徴収することができることを意味するものと考えられています。この考え方を踏まえ、教育基本法においては、義務教育段階における国公立学校についての授業料を徴収しないことを定めています。

13.4 勤労の権利と労働基本権について

（1）勤労の権利とは何か

　病気や事故等によって働くことができない人を除いては、自身の生活に必要なお金は自身の働きによって得ることが現代社会における原則です。しかし、必ずしもすべての人が簡単に働く場所を見つけ、生活に必要なお金を得られるわけではありません。経済が停滞し、企業が人を雇うことに消極的になる等、働きたくても仕事が見つからないことがあります。

　このように働きたくても仕事が見つからない人に対して、国が適切な労働の機会を提供するよう配慮し、勤労の権利を保障することが以下のように憲法 27 条 1 項において定められています。

> **憲法第 27 条 1 項**
> 　すべて国民は、勤労の権利を有し、義務を負ふ。

　そして、この勤労の権利には、人が雇われて働くことを国が妨害しないという自由権としての性格もあります[5]。

　また、憲法 27 条 2 項においては、「賃金、就業時間、休息その他の勤労条件に関する基準は、法律でこれを定める。」と規定し、賃金や労働時間等労働条件に関する取り決めをするにあたってのルールを法律により定めるとしています。これは、労働条件に関する取り決めを、企業と労働者間において自由に決定することができるとした場合において、労働者は自分や家族の生活を維持するため低賃金や長時間労働等の劣悪な条件を飲まざるを得なくなるからです。この条文を踏まえ、弱い立場にある労働者を保護することを目的とした労働基準法等の法律が制定されています。

　さらに、学習を通じて人として大きく成長していく大切な時期にある子供が低賃金で酷使される等子供に対する保護が十分でなかったという歴史的経

---

[5] なお、憲法 27 条 1 項においては、勤労が国民の義務であると定められていますが、これは、国により勤労を強制することができるということを意味しません（芦部信喜　高橋和之補訂「憲法　第八版」岩波書店 2023 年 299 頁から 300 頁）。

緯から、憲法27条3項においては、「児童は、これを酷使してはならない。」と定め、児童の保護をしています。

(2) 労働基本権とは何か

労働基本権とは、以下の憲法28条において定められている、団体権、団体交渉権、および団体行動権（争議権）の総称です。

> **憲法第28条**
> 勤労者の団結する権利及び団体交渉その他の団体行動をする権利は、これを保障する。

この労働基本権は、企業に対して弱い立場にある労働者の地位向上を目的として、定められています。そして、この労働基本権は、国に対して労働基本権を保障する措置を求める請求権としての性質、国が労働基本権を制限する措置をとることを禁止する自由権としての性質がある他、労働者と企業といった私人間の関係においても直接適用されるという特殊な性質があります。

この労働基本権の具体的な内容は、以下のとおりです。

① 団体権

労働者において、労働組合（労働者が労働条件の維持改善を目的とした団体）を結成する権利をいいます。

② 団体交渉権

労働者が、労働組合を通じて企業に対し、労働条件等に関する交渉を行い、労働条件に関する取り決めをする権利をいいます。

③ 団体行動権（争議権）

労働者において、ストライキ等の争議行為を行う権利をいいます。労働者が会社に対して「給料を上げてほしい」などの労働条件の改善を求めた際に、会社がその要求を拒む等した場合、労働者が労働条件の改善を求めるため一時的に仕事をしないことを認めるものです。正当な争議行為を行った労働者においては、国により刑罰を受けないほか、企業に対する損害賠償責任を負いません。

もっとも、公務員においては、現在の法律において次のように職種に応じて労働基本権が制限されています。具体的には、まず、①警察職員、消防職員、自衛隊員、海上保安庁または刑事施設に勤務する職員は労働基本権の全てが否定され、②非現業の公務員については、団体交渉権の一部と争議権が否定され、③現業[6]の公務員については、争議権が否定されています。

　なお、裁判所においては、国家公務員法における争議行為の禁止が憲法28条に違反するか否かが問題となった裁判（全農林警職法事件　最高裁昭和48年4月25日大法廷判決　刑集27巻4号547頁、判時699号22頁、判タ292号104頁）において、公務員の地位の特殊性や職務の公共性、並びに国民全体への影響を考慮し、憲法28条に違反しないと判断しました。

---

[6]　「非現業」とは管理的な事務をいい、「現業」とは管理的な事務ではなく実地ないし現場における業務をいいます（新村出編著「広辞苑　第6版」岩波書店　2008年）。

第14講

参政権

　本講のテーマは、参政権です。
　日本を含む多くの国においては、民主主義に基づいた政治システムが採用されています。そして、民主主義の理念に基づき、国民の政治的意思を直接的に反映する仕組みとして、国民が自ら政治的意思決定を行う「直接民主制」があります。
　しかし、国が大きくなればなるほど、国民全員により政治的意思決定をすることは難しくなります。そのため、日本を含む多くの国においては、国民が自分たちの代表者を選び、その代表者が国民に代わって政治を行う「代表民主制」が採用されています。そして、この代表民主制を採用するにあたって、国民が自分たちの代表者を選ぶため、最も重要な手段は選挙です。
　本講においては、このような代表民主制の仕組みを中心に採用した参政権の具体的内容を概説するとともに、代表民主制において最も重要な手段である選挙制度を中心に取り上げます。

14.1 参政権について

（1）参政権とは何か
　参政権とは、国民が国または地方公共団体の政治に参加する権利をいいます。
　かつて日本においては、憲法の前身である明治憲法の下、天皇が国のあり方を決定する力をもつ「天皇主権」の考え方がとられていました。これに対し、現行の憲法においては、「主権が国民に存すること」（憲法前文）、「主権

の存する日本国民」（憲法1条）と規定されており、現在の日本は、国民が国のあり方を決定する力をもつ「国民主権」の考え方に立っていることがわかります。

そして、憲法においては、この考え方を踏まえ、以下のように参政権に関する規定が設けられています。

憲法第15条1項
　公務員を選定し、及びこれを罷免することは、国民固有の権利である。

この憲法15条1項は、あらゆる公務員を選び、もしくは解任する最終的な権限が国民に帰属するということを意味しており、上記の「国民主権」の考え方に基づく規定です。

なお、この公務員は、国会議員に限られず、広く立法・行政・司法に関する国および地方公共団体の事務を担当する職員を指します。しかし、憲法15条1項は、これらすべての公務員が直接国民により選ばれ、解任されることを意味するものではありません[1]。

（２）参政権の具体的内容

この憲法15条1項における権利のうち、公務員を「選ぶ」権利については、以下の各条文において具体化させています。

憲法第43条1項
　両議院は、全国民を代表する選挙された議員でこれを組織する。

憲法第44条
　両議院の議員及びその選挙人の資格は、法律でこれを定める。・・・。

憲法第93条2項
　地方公共団体の長、その議会の議員及び法律の定めるその他の吏員は、その地方公共団体の住民が、直接これを選挙する。

---

[1] 芦部信喜　髙橋和之補訂「憲法 第八版」岩波書店 2023年 283頁から284頁

憲法43条および44条においては、国の法律を作る機関である国会を構成する衆議院および参議院における議員を国民の選挙によって選ぶことを定めています。また、憲法93条2項においては、都道府県や市区町村における長や議員を国民の選挙によって選ぶことを定めています[2]。

これらの国民が代表者を選ぶ権利は「選挙権」とよばれており、国民が政治に参加する機会を国が保障するにあたって中心となる権利です。そのため、選挙権は、参政権のなかでも最も重要な権利として考えられています。

また、憲法15条1項の権利のうち、公務員を「解任する」権利については、以下の条文において具体化されています。

憲法第79条2項
　最高裁判所の裁判官の任命は、その任命後初めて行はれる衆議院議員総選挙の際国民の審査に付し、その後十年を経過した後初めて行はれる衆議院議員総選挙の際更に審査に付し、その後も同様とする。

同条3項
　前項の場合において、投票者の多数が裁判官の罷免を可とするときは、その裁判官は、罷免される。

同条4項
　審査に関する事項は、法律でこれを定める。

憲法79条2項から4項においては、最高裁判所の裁判官が任命された後、国民が各裁判官を解任するべきか否かを決定するための制度である「国民審査」に関するルールが定められています。

---

[2]　在留外国人における地方自治体に関する選挙権が認められるか否かが問題となった事件（最高裁平成7年2月28日第三小法廷判決　民集49巻2号639頁、判時1523号49頁）において、最高裁判所は、国民主権の原理及び憲法15条1項の趣旨を踏まえ、憲法93条2項は、在留外国人に対して地方公共団体に関する選挙権を保障したものではないとの判断をしています。他方で、この裁判所は、在留外国人のうち永住者等の住民に対して「法律をもって」地方公共団体に関する選挙権を保障することは禁止されていないとの判断もしています。

この国民審査は、衆議院議員総選挙の投票日において行われ、投票所における衆議院議員の投票とあわせて、国民審査の投票が行われます。投票用紙においては、審査を受ける裁判官の氏名が記載されており、解任させたい裁判官については「×」を記載します。そして、投票の結果「×」が記載された票が、何も記載されていない票の投票数を超えた場合には、その裁判官は解任されます。

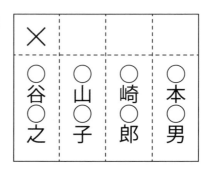

国民審査における投票方法

（総務省ホームページより）

その他にも、参政権を具体化した制度として、憲法改正に関する国民投票（96条1項）や特別法の住民投票（95条）があり、部分的に直接民主制的な仕組みが採用されています。

以上のように憲法においては、参政権に関するさまざまな制度が設けられていますが、本講においてはこれらの参政権のなかにおいて、最も重要な権利である選挙権を中心に取り上げます。

14.2 選挙権の法的性格

選挙権の法的性格については、公務員を選ぶという公的な役割を国民が担う「公務」なのか、それとも国民が政治に参加するための「権利」なのかという議論があります。この議論に関し、選挙権は、「公務」と「権利」両方の

側面をもつという考え方（二元説といいます）が最も支持されています。

公職選挙法においては、受刑者や選挙犯罪者などにつき、選挙権を行使することができないとされています。このように、一定の者に対して選挙権が制限されるのは、選挙権が「公務」としての性格を有している以上、「公務」を適切に行うことができない者に対して選挙権を制限することがやむを得ないと考えられているからです。

なお、かつて公職選挙法においては、成年被後見人についても選挙権を行使することができないとされていました。この成年被後見人とは、知的障害、精神障害もしくは認知症などによって判断能力が十分でなく、一人で契約等の意思決定ができない状況において、家庭裁判所の手続きを通じて意思決定に関する支援を受ける人をいいます。平成25年5月における公職選挙法の改正により、現在においては成年被後見人も選挙権を行使することができます[3]。

14.3 選挙の基本原則

（1）選挙の基本原則とは何か

憲法においては、選挙権を保障するにあたり、「普通選挙」、「平等選挙」、「自由選挙」、「秘密選挙」、および「直接選挙」の5つの基本原則が採用されています。これらの原則が採用されることにより、選挙における自由と公正が確保され、かつ、効果的な代表の選出を実現することができます。

以下においては、これらの基本原則の具体的内容を概説します。

（2）普通選挙

普通選挙とは、投票者の資格に関する原則であり、すべての成人に選挙権が与えられるべきであるとの考え方を指します。この原則は、財力、教育および性別などによって選挙権が与えられる人を制限する制限選挙と対立する考え方であり、財力、教育および性別などを理由として選挙権が制限されて

---

[3] 成年後見制度の詳細については、厚生労働省ホームページ「成年後見はやわかり」https://guardianship.mhlw.go.jp/において説明があります。

きた歴史的経緯を踏まえ、憲法の以下の条文おいては、普通選挙を保障することを明記しています。

> **憲法第15条3項**
> 公務員の選挙については、成年者による普通選挙を保障する。
>
> **憲法第44条**
> 両議院の議員及びその選挙人の資格は、法律でこれを定める。但し、人種、信条、性別、社会的身分、門地、教育、財産又は収入によって差別してはならない。

なお、選挙権を与える対象となる成人の年齢を何歳にするかは法律により定めます。かつては20歳以上の国民に対して選挙権が与えられていましたが、平成27年6月における公職選挙法等の改正により、18歳以上の国民に対して選挙権が与えられるようになりました。

（3）平等選挙

平等選挙とは、各投票者を平等に取り扱う考え方を指します。
憲法14条1項においては、以下のように、国民を政治的関係において差別しないことが規定されており、平等選挙を保障していることがわかります。

> **憲法第14条1項**
> すべて国民は、法の下に平等であつて、人種、信条、性別、社会的身分又は門地により、政治的、経済的又は社会的関係において、差別されない。

かつて、この平等選挙は、1人1票の原則のみを指すと考えられていました。もっとも現在においては、1人1票の原則のみならず、1票を投じることによる投票結果への影響度が平等となることを求める投票価値の平等が含まれていると考えられています。

そして、この投票価値の平等に関連し、議員定数の不均衡という問題があります。この議員定数の不均衡とは、国会議員の選挙において、特定の選挙区に住む有権者の1票の選挙結果に対する影響力が、他の選挙区に住む有権者の影響力と比較して、格差が生じる状態をいいます。例えば、ある選挙区では1万人の有権者が1人の議員を選ぶのに対し、他の選挙区では5万人の有権者が1人の議員を選ぶ場合、1万人の選挙区に住む有権者の1票は、5万人の選挙区に住む有権者の1票の5倍の影響力をもつことになります。このように、選挙区ごとにおいて、1票の影響力が異なることが投票価値の不平等につながることがあります。

（4）自由選挙

自由選挙とは、自分の意思で自由に投票できることを指します。国民に対して投票を強制することを禁止しているため、国民は投票しないという選択をすることもできます。

憲法においては、この自由選挙に関する明文の規定はありませんが、以下の憲法15条4項において、投票者が自身の投票に関する選択に関して一切の責任を負わないと定められていることから、憲法において自由選挙が保障されているものと考えられます。

> **憲法第15条4項**
> すべて選挙における投票の秘密は、これを侵してはならない。<u>選挙人は、その選択に関し公的にも私的にも責任を問はれない。</u>

（5）秘密選挙

秘密選挙とは、誰に投票したかを秘密にする制度を指します。

上記の憲法15条4項においては、「すべて選挙における投票の秘密は、これを侵してはならない。」と定め、秘密選挙を保障することを明示しています。

（6）直接選挙

直接選挙とは、選挙権をもつ人々が自分達の代表となる公務員を、直接自

分達の投票で選ぶことによって、自分達の意思を直接反映させることを指します。この方法と対照的な選挙方法として、選挙権をもつ人々が中間選挙人を選び、その中間選挙人が最終的に公務員を選ぶ「間接選挙」、並びに、選挙で選ばれた公務員がさらに別の公務員を選ぶ「複選制」があります。

なお、憲法には、国会議員の直接選挙を定めた明文はありません。しかし、憲法は、国民主権の考え方に基づいているため、43条において定められている「選挙された議員」とは、「直接選挙された議員」を意味しているとの考え方があります[4]。

14.4 選挙権行使の制限に関する裁判所の考え方

それでは、選挙権の行使を制限されたケースにおいて、裁判所はどのような判断をしているのでしょうか。

今回取り上げる事件（最高裁平成17年9月14日大法廷判決　民集59巻7号2087頁、判時1908号36頁、判タ1191号143頁）は、海外に住む日本人が選挙権を行使できないという問題に関するものです[5]。国民が、選挙権を行使するためには、市区町村が管理する住民基本台帳に選挙権を行使する人の情報が登録されている必要があります。しかし、長期間海外に住んでいる人は、この住民基本台帳に登録されていないため、選挙権を行使することができない状況が続いていました。

この問題を解決するために、1998年に公職選挙法が改正され、海外に住む日本人は、在外選挙人名簿に登録されることによって、比例代表制を採用する衆議院選挙と参議院選挙において選挙権を行使できるようになりました。他方で、この法改正によっても、小選挙区制を採用している衆議院小選挙区選挙と、参議院の選挙区選挙においては、引き続き選挙権を行使できないという状態が続いていました。

そのため、海外に住む日本人が、改正前の公職選挙法の下において選挙権

---

[4] 高橋和之「立憲主義と日本国憲法　第6版」有斐閣　2013年　281頁
[5] 詳細は、長谷部恭男・石川健治・宍戸常寿編「憲法　判例百選Ⅱ　第7版」有斐閣　2019年　318頁から319頁を参照。

を行使することができない状態が続いたことや、改正後においても一部の選挙において選挙権を行使することができないことが憲法15条1項等に違反することを理由として、国に対する訴訟提起により、投票をすることができる地位の確認および国家賠償を求めました。

このケースについて、最高裁判所は、以下のように、国が海外に住む日本人において選挙権を行使することができるよう法改正をすることを怠ったことが憲法15条1項等に違反するとの判断をしました。

選挙権行使の制限に関する違憲の基準

自ら選挙の公正を害する行為をした者等の選挙権について一定の制限をすることは別として、国民の選挙権又はその行使を制限することは原則として許されず、<u>国民の選挙権又はその行使を制限するためには、そのような制限をすることがやむを得ないと認められる事由がなければならないというべきである</u>。そして、そのような制限をすることなしには選挙の公正を確保しつつ選挙権の行使を認めることが事実上不能ないし著しく困難であると認められる場合でない限り、上記のやむを得ない事由があるとはいえず、このような事由なしに国民の選挙権の行使を制限することは、憲法15条1項及び3項、43条1項並びに44条ただし書に違反するといわざるを得ない。また、このことは、国が国民の選挙権の行使を可能にするための所要の措置を執らないという不作為によって国民が選挙権を行使することができない場合についても、同様である。

改正前の公職選挙法に関する憲法適合性について

在外国民に選挙権の行使を認めるに当たり、公正な選挙の実施や候補者に関する情報の適正な伝達等に関して解決されるべき問題があったとしても、既に昭和59年の時点で、選挙の執行について責任を負う内閣がその解決が可能であることを前提に上記の法律案を国会に提出していることを考慮すると、同法律案が廃案となった後、国会が、10年以上の長きにわたって在外選挙制度を何ら創設しないまま放置し、本件選挙において在外国民が投票をすることを認めなかったことについては、やむを

得ない事由があったとは到底いうことができない。そうすると、本件改正前の公職選挙法が、本件選挙当時、在外国民であった上告人らの投票を全く認めていなかったことは、憲法15条1項及び3項、43条1項並びに44条ただし書に違反するものであったというべきである。

本件改正後の公職選挙法の憲法適合性について

　本件改正後に在外選挙が繰り返し実施されてきていること、通信手段が地球規模で目覚ましい発達を遂げていることなどによれば、在外国民に候補者個人に関する情報を適正に伝達することが著しく困難であるとはいえなくなったものというべきである。・・・遅くとも、本判決言渡し後に初めて行われる衆議院議員の総選挙又は参議院議員の通常選挙の時点においては、衆議院小選挙区選出議員の選挙及び参議院選挙区選出議員の選挙について在外国民に投票をすることを認めないことについて、やむを得ない事由があるということはできず、公職選挙法附則8項の規定のうち、在外選挙制度の対象となる選挙を当分の間両議院の比例代表選出議員の選挙に限定する部分は、憲法15条1項及び3項、43条1項並びに44条ただし書に違反するものといわざるを得ない。

　最高裁判所は、選挙権の行使の制限があった場合において、この制限が憲法15条1項等に違反するか否かを判断するための基準を示しました。最高裁判所は、選挙権を制限することは原則として許されず、選挙権を制限するには、やむを得ない理由がなければならないとしており、厳格に違憲審査を行うことを述べています。

　そして、改正前の公職選挙法の下において選挙権を行使することができない状態が続いたことに関し、昭和59年（1984年）の時点で、国会において在外選挙制度を導入するための法律案が提出されていたにもかかわらず、その後10年以上この制度が整備されませんでした。このことについて、やむを得ない理由があるとは認められないとの判断が示されています。

　また、改正後の公職選挙法についても、通信手段の発達により、海外に住む国民が選挙の候補者に関する情報を適切に受け取ることができることがで

きないという問題が改善されていることを踏まえ、判決時点における衆議院小選挙区選挙と参議院の選挙区選挙に係る選挙権行使の制限については、やむを得ない理由があるとは認められないとの判断が示されています。

第15講
国家賠償請求権

　本講のテーマは、国家賠償請求権です。明治憲法下においては、権力的な国家活動により人に損害を与えた場合において、国は責任を負わないという「国家無答責の原則」が妥当すると考えられていました。他方で、憲法においては、この明治憲法下における「国家無答責の原則」という従来の考え方を改め、権力的な国家活動により人に損害が発生した場合において国が責任を負うことを認めるに至りました。本講においては、この国家賠償に関する権利を定める憲法および法律の具体的内容を概説します。

　また、かつて治らない病として人々に恐れられ、医学的観点から現在においては治る病として認識されつつも、今もなお差別と偏見の対象となっている病気として、ハンセン病という感染症があります。このハンセン病問題に関する国の施策がかつて国家賠償責任に関する訴訟問題に発展しました。本講においては、国家賠償責任が問題となった裁判の一例として、このハンセン病に関する裁判をあわせて取り上げます。

15.1 国家賠償請求権とは何か

　国家賠償請求権とは、公権力を行使する公務員が不法行為によって、人に対して損害を与えた場合において、その被害者が国や地方公共団体に対して損害賠償請求をすることができる権利をいいます。

　この国家賠償請求権は、次の憲法17条により、憲法上権利として認められています。

> **憲法第 17 条**
> 　何人も、公務員の不法行為により、損害を受けたときは、法律の定めるところにより、国又は公共団体に、その賠償を求めることができる。

　自動車の運転者の不注意により自動車が歩行者と接触し、歩行者が負傷をした場合において、自動車の運転者は被害者である歩行者に対する不法行為があることを理由として、歩行者に対して損害賠償責任という金銭支払義務を負うこととなります。このように、私人間において交通事故が生じた場合には、加害者である運転者が被害者である歩行者に対して、損害賠償責任を負うこととなります。

　これに対して、公権力を行使する公務員である都道府県警察の警察官がパトカーに乗車し、スピード違反による逃走車両を追跡中に追跡方法の不注意により、パトカーを歩行者に接触させて負傷させた場合においては、都道府県がこの警察官に代わって損害賠償責任を負うこととなります。

　なお、国家賠償は、公務員において不法行為がある場合において問題となるところ、公務員の行為において不法行為がない場合においては憲法 29 条 3 項における損失補償の問題となります(損失補償については、12.3 節を参照)。

15.2　国家賠償法について

　憲法 17 条においては、「法律の定めるところにより」と定め、国家賠償を実施するにあたり、国会の判断により法律を制定することを求めています。この求めを受けて、国家賠償請求をするためのルールを定めた法律である「国家賠償法」が制定されています[1]。

---

[1] ただし、国会が国家賠償責任に関する法律を作る際に、全てを自由に決めることができる無制限の権利をもっているわけではないと考えられています。最高裁判所においては、憲法 17 条の法的性格に関し、「国又は公共団体が公務員の行為による不法行為責任を負うことを原則とした上、公務員のどのような行為によりいかなる要件で損害賠償責任を負うかを立法府の政策判断にゆだねたものであって、立法府に無制限の裁量権を付与するといった法律に対する白紙委任を認めているものではない」(郵便法違憲判決　最高裁平成 14 年 9 月 11 日大法廷判決　民集 56 巻 7 号 1439 頁、判時 1801 号 28 頁、判タ 1106 号 64 頁) と判示しています。

そして、国家賠償法においては、以下のように1条において公権力の行使に関する国家賠償責任を定め、2条において「公の営造物」の設置管理の瑕疵に関する国家賠償責任を定めています。この2つの国家賠償責任のうち、いずれかの要件を満たす場合において、国家賠償責任が発生します。

> **国家賠償法1条1項**
> 　国又は公共団体の公権力の行使に当る公務員が、その職務を行うについて、故意又は過失によつて違法に他人に損害を加えたときは、国又は公共団体が、これを賠償する責に任ずる。
>
> **国家賠償法2条1項**
> 　道路、河川その他の公の営造物の設置又は管理に瑕疵があつたために他人に損害を生じたときは、国又は公共団体は、これを賠償する責に任ずる。

まず、国家賠償法1条では、公権力を行使する公務員の不法行為につき、故意（あえて不法行為を行うこと）または過失（不法行為を行ったことに関し一定の落ち度があること）があった場合において、国や地方公共団体がこの公務員に代わり国家賠償責任を負うことが定められています。この「公権力の行使」とは、純粋な私経済的作用[2]および国家賠償法2条の対象である営造物の設置管理作用を除く全ての作用を指すと一般的に考えられています。また、公務員により権限が行使される場合のみならず、公務員により一定の権限が行使するべき状況であったにも関わらず権限が行使されなかった場合においても第1条の国家賠償責任が生じることがあります[3]。

---

[2] 公立病院における医療行為が純粋な私経済的作用といえるか否かは議論があります。ただし、医療行為であっても、強制接種や勧奨接種、並びに措置入院等については、公権力の行使にあたると考えられています（宇賀克也「行政法概説Ⅱ　行政救済法　第7版」有斐閣 2021年 440頁を参照）。

[3] クロロキン薬害事件（最高裁平成7年6月23日第二小法廷判決　民集49巻6号1600頁、判時1539号32頁、判タ887号61頁）においては、クロロキン製剤を服用した多数の患者がクロロキン網膜症に罹患するなか、国がクロロキン製剤の製造承認の取消し等の被害発生防止を目的とした規制権限に関する措置をとらなかったことにつき、国家賠償法第1条の国家賠償責任が発生するか否かが問題となりました。この事件において、最高裁判所は「薬事法上の権限を行使してクロロキン網膜症の発生を防止するための措置を採らなかったことが・・・その許容される限度を逸脱して著しく合理性を欠くとまでは認められ」ない、として国家賠償責任を否定しました。

次に、国家賠償法第2条では、道路や河川その他の公の目的に供されている物や施設につき、本来求められている安全性を備えていないがために、事故発生につながった場合に、国や地方公共団体が国家賠償責任を負うことを定めています。例えば、国道上においてしばしば落石が発生していたにもかかわらず、国において道路に防護柵を設ける等、道路通行者の安全確保に関する措置を怠っていた場合において、国は落石事故の被害者に対し国家賠償責任を負うこととなります。

15.3 ハンセン病問題と国家賠償責任

(1) はじめに

治らない病として人々に恐れられ、差別と偏見の対象となった病気として、ハンセン病という病気があります。かつて、ハンセン病問題に対する日本の施策が、ハンセン病患者に対する人々の差別と偏見を生むこととなり、国家賠償責任に関する訴訟問題に発展しました。

以下においては、まず、ハンセン病問題の歴史を概説し、この歴史的背景を踏まえた国家賠償責任に関する訴訟問題を取り上げます。

(2) ハンセン病とは

ハンセン病とは、「らい菌」に感染することで発症する慢性感染症です。かつては、「らい病」とよばれていましたが、1873年にノルウェーの医師であるハンセンにより「らい菌」が発見されたことにともない、「ハンセン病」とよばれるようになりました。

ハンセン病の症状としては、手足などの末梢神経の麻痺、発汗障害、知覚麻痺（痛い、熱い、冷たいなどといった感覚が無くなる）、皮膚症状などがあります。また、治療が遅れる場合には、手足や顔などが変形するという後遺症が発生することもあります。

ハンセン病の症状

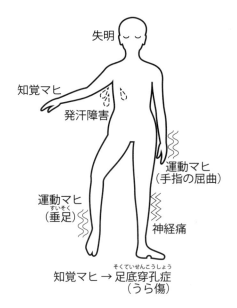

（厚生労働省「ハンセン病の向こう側」より）

　ただし、「らい菌」の感染力は非常に弱く、「らい菌」に感染した場合においても、ほとんどの人はハンセン病を発病しません。人への感染は免疫系が十分に機能していない乳幼児期においてハンセン病患者に繰り返し接触することによって起こり、発病には、その人の免疫力、栄養状態、衛生状態などさまざまな要因が影響します。

　現在、日本国内における新規患者は年に数人程度ですが、栄養状態や衛生環境が良好ではない途上国を中心として、世界で年間十数万人程度の新規患者が発生しています。

　このハンセン病に対しては、リファンピシン、DDS、クロファジミンの3種類の抗菌薬を併用する多剤併用療法（MDT）が効果的であり、現在は、この治療により後遺症を残すことなく治癒することが可能です。

日本国内におけるハンセン病の新規患者数（2000〜2022年）

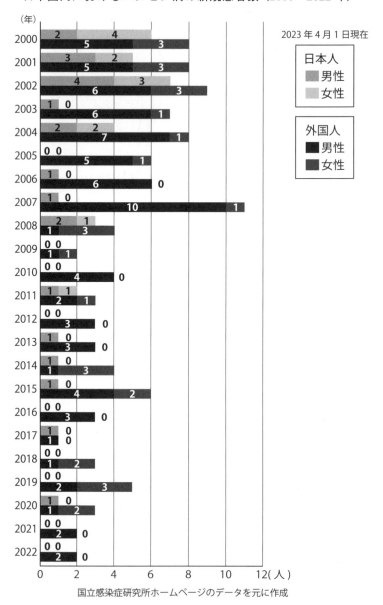

（公益財団法人笹川保健財団「キミは知っているかい？ ハンセン病のこと。」より）

15か国における2022年のハンセン病新規患者数（WHO）

国名	新患数	国名	新患数
インド	103,819	ソマリア	2,307
ブラジル	19,635	ネパール	2,285
インドネシア	12,441	タンザニア	1,705
コンゴ民主共和国	3,720	マダガスカル	1,450
バングラデシュ	2,988	スリランカ	1,401
エチオピア	2,966	ミャンマー	1,234
モザンビーク	2,608	フィリピン	1,005
ナイジェリア	2,393	**世界合計**	**174,087**

（国立感染症研究所ホームページより）

（3）ハンセン病患者の差別と偏見の歴史

　以上のように、ハンセン病は治療法が確立されており、現在においては、感染力が非常に弱く、治る病気であると認識されています。しかし、ハンセン病は、かつて人々において恐ろしい病気であると認識され、ハンセン病患者は偏見や差別の対象とされてきました。

　日本におけるハンセン病（らい）に関する最初の記録は、「日本書紀」における記録が初めてであるといわれています。日本の歴史上、らい病患者は、手足や顔などが変形するという患者の身体的特徴から人々に対し嫌悪感を抱かれ、古くから穢れた存在としての取り扱いを受けてきました。かつて、ハンセン病は前世の悪業の報いである「業病」や「遺伝病」であると考えられていましたが、1873年（明治6年）にハンセンにより「らい菌」が発見されたことにより、感染症として認識されるようになりました。また、当時は、大風子油という植物の種子から抽出した油を筋肉に注射することによってハンセン病治療が行われていましたが、ハンセン病の治癒をもたらすほどの効果はありませんでした。

　明治時代において、ハンセン病患者は北米やヨーロッパには少ないのに対し、日本を含むアジア・アフリカ・ラテンアメリカなどに多かったことから、

日本においては多くのハンセン病患者が国内に存在することが文明国としての恥辱であると考えられていました。このような考えから、日本において、1907年（明治 40 年）に「癩予防に関する件」という法律が制定されました。この法律は、路上をさまよっていたハンセン病患者である「放浪癩」を強制的に療養所に入れることにより、有効な治療方法がないハンセン病患者を社会から隔離し、ハンセン病患者を減らすための法律です。この法律によって人々におけるハンセン病患者に対する偏見と差別が助長されることとなったといわれています。

そして、1929 年（昭和 4 年）より、全てのハンセン病患者を療養所に強制隔離することによって、放浪患者や在宅患者を都道府県内において一人もいなくさせるための「無らい県運動」が全国で官民一体となり展開されるようになりました。さらに、1931 年（昭和 6 年）には、「癩予防に関する件」を改正し、新たに「癩予防法」が制定されるに至りました。この法律により、在宅患者を含む日本中の全てのハンセン病患者を療養所に強制的に隔離できるようになりました。ハンセン病患者を見つけては療養所に送り届け、保健所の職員が患者の自宅を徹底的に消毒する。このような場面を目の当たりにした人々は、ハンセン病が恐ろしい病気だという誤った認識を抱くようになりました。

療養所に入所した患者たちは、社会から隔離されるのみではなく、非常に過酷な状況に置かれました。治療や食事が不十分であるのみならず、さまざまな労働を強いられ、子供をもつことも許されませんでした。また、患者が療養所から逃げ出した場合や職員に反抗した際には、療養所内の監禁室に閉じ込められることもありました。さらに、患者だけでなく、その家族も偏見と差別の対象になりました。学校や職場で厳しい差別を受け、居場所を失い、婚約が破棄されることもありました。そのため、家族はハンセン病患者がいることを隠し、恐れながら生活をしなければならなかったのです。

1943 年（昭和 18 年）には、プロミンという薬がハンセン病の治療に有効であることがアメリカにおいて報告されました。その後、1947 年（昭和 22 年）において、日本国内においてもプロミンによる治療が開始され、これまで確実な治療方法がなかったハンセン病は「治る病気」となったのです。そ

の後、療養所入所者は、団結して隔離政策からの解放を求める抗議行動を行いましたが、1953年（昭和28年）において「癩予防法」に代わり新たに制定された「らい予防法」においても患者の隔離政策が継続されました。

その後、1996年（平成8年）になり、「らい予防法」はようやく廃止され、患者の隔離政策に終止符が打たれたのです。

ハンセン病問題の歴史

1838年（明治6年）	ハンセンが、らい菌を発見する
1907年（明治40年）	「癩予防に関する件」が制定される
1929年（昭和4年）	無らい県運動が始まる
1931年（昭和6年）	「癩予防法」が制定される
1943年（昭和18年）	アメリカにおいてプロミンがハンセン病治療に有効であることが発表される
1947年（昭和22年）	日本国内においてプロミンによる治療が開始される
1953年（昭和28年）	「らい予防法」が制定される
1996年（平成8年）	「らい予防法」が廃止される

（4）ハンセン病問題に関する国家賠償責任問題

療養所の入所患者らは、「らい予防法」の隔離規定が憲法13条等を侵害しているにもかかわらず、国は1996年（平成8年）まで「らい予防法」の隔離規定の廃止をせず隔離政策を継続したことが国家賠償法1条1項における不法行為にあたることを理由に、差別や偏見にさらされたことにより被った損害の賠償を求める国家賠償請求訴訟を提起しました。

そして、熊本地方裁判所は次の理由により「らい予防法」が憲法13条に反し、かつ「らい予防法」を長期間に渡り廃止しなかったことが不法行為にあたるものとして、国家賠償責任を認めました（熊本地方裁判所平成13年5月11日判決　訟月48巻4号881頁　判時1748号30頁、判タ1070号151頁）[4]。

---

[4] 詳細は、長谷部恭男・石川健治・宍戸常寿編「憲法　判例百選Ⅱ　第7版」有斐閣 2019年 416頁から417頁を参照。

1 「らい予防法」の隔離規定の違憲性について
ハンセン病患者の隔離は・・・人として当然に持っているはずの人生のありとあらゆる発展可能性が大きく損なわれるのであり、その人権の制限は、人としての社会生活全般にわたるものである。このような人権制限の実態は・・・憲法一三条に根拠を有する人格権そのものに対するものととらえるのが相当である。

　もっとも、これらの人権も、全く無制限のものではなく、公共の福祉による合理的な制限を受ける。しかしながら、前述した患者の隔離がもたらす影響の重大性にかんがみれば、これを認めるには最大限の慎重さをもって臨むべきであり、伝染予防のために患者の隔離以外に適当な方法がない場合でなければならず、しかも、極めて限られた特殊な疾病にのみ許されるべきものである。

これを本件についてみるに、・・・新法制定当時の事情、特に、ハンセン病が感染し発病に至るおそれが極めて低いものであること及びこのことに対する医学関係者の認識、我が国のハンセン病の蔓延状況、ハンセン病に著効を示すプロミンの登場によって、ハンセン病が十分に治療が可能な病気となり、不治の悲惨な病気であるとの観念はもはや妥当しなくなっていたことなど、当時のハンセン病医学の状況等に照らせば、新法の隔離規定は、新法制定当時から既に、ハンセン病予防上の必要を超えて過度な人権の制限を課すものであり、公共の福祉による合理的な制限を逸脱していたというべきである。

　そして・・・新法制定以降の事情、特に、昭和三〇年代前半までには、プロミン等スルフォン剤に対する国内外での評価が確定的なものになり、また、現実にも、スルフォン剤の登場以降、我が国において進行性の重症患者が激減していたこと、昭和三〇年から昭和三五年にかけても新発見患者数の顕著な減少が見られたこと・・・などからすれば、遅くとも昭和三五年には、新法の隔離規定は、その合理性を支える根拠を全く欠く状況に至っており、その違憲性は明白となっていたというべきである。

2 「らい予防法」の隔離規定を廃止しなかったことの違法性について
　（最高裁昭和六〇年一一月二一日判決等の）右一連の最高裁判決は、立法

行為が国家賠償法上違法と評価されるのは、容易に想定し難いような極めて特殊で例外的な場合に限られるべきである旨判示しており、その限りでは、本件にも妥当するものである。・・・
新法の隔離規定は・・・遅くとも昭和三五年には、その違憲性が明白になっていたのであるが、このことに加え、（らい予防法は制定当時から隔離規定を見直すべきことが予定されていたこと、昭和三〇年代前半には国際的に強制隔離否定の方向性が顕著となっていたこと、昭和三八年ころのらい予防法改正の社会運動により国会議員において同法の隔離規定の適否を判断することは十分に可能であったこと等）・・・にかんがみれば、他にはおよそ想定し難いような極めて特殊で例外的な場合として、遅くとも昭和四〇年以降に新法の隔離規定を改廃しなかった国会議員の立法上の不作為につき、国家賠償法上の違法性を認めるのが相当である。

　まず、「らい予防法」の違憲性に関する問題において、裁判所は、ハンセン病患者が隔離により人生を奪われることは憲法13条の人格権の制限にあたり、ハンセン病予防のため隔離以外に適当な方法がない特殊な病気にのみ、このような制限が許されるとの考えを示しました。そのうえで、プロミンの登場によってハンセン病の治療が可能となったことや日本国内における重症患者や新規患者数が減少していること等から、らい予防法の制定から約6年半後の1960年（昭和35年）においてらい予防法の隔離規定は合理性を欠き（上記のような特殊な病気ではなく）、憲法13条に明白に違反すると結論付けました。

　次に、「らい予防法」の隔離規定を廃止しなかったことの違法性について、裁判所は、ハンセン病の治療に有効であるプロミンの登場に加え、国際的に隔離規定を廃止すべきとの考え方が広まったことや隔離規定の廃止に向けた社会運動があったことを通じて国において隔離規定の廃止を検討する機会があったこと等に着目しました。そのうえで、裁判所は、遅くとも1965年（昭和40年）には隔離規定を廃止する義務があったにもかかわらず、同年から約31年間にわたり廃止をしなかったことが国家賠償法1条1項における不法行為にあたると結論付けました。

この判決に対して、国は控訴（上級裁判所に対する判決内容の不服申立て）を断念し、判決が確定し、この訴訟手続は終了することとなりました。
　その後、国の隔離政策によって被った精神的苦痛を慰謝するための補償金を国がハンセン病の元患者や患者家族に対して支給する制度[5]が創設され、被害者救済が図られました。
　このように、訴訟によって、ハンセン病に関する法的問題は解決に至りましたが、2003年（平成15年）には、熊本県内のホテルがハンセン病の元患者の宿泊を拒否したことが社会問題となる等、ハンセン病患者に対する偏見や差別は、今もなお根強く残っています。

---

[5] 補償金支給制度として、2001年（平成13年）に「ハンセン病療養所入所者等に対する補償金の支給等に関する法律」、2019年（令和元年）に「ハンセン病元患者家族に対する補償金の支給等に関する法律」がそれぞれ制定されました。

参考文献

第1講
1) 高橋和之（2024）『立憲主義と日本国憲法（第6版）』有斐閣.
2) 国立公文書館ホームページ
https://www.digital.archives.go.jp/DAS/pickup/view/detail/detailArchives/0101000000/0000000003/00.
3) 斎藤眞、中野勝郎訳（1999）『ザ・フェデラリスト』岩波文庫.

第2講
1) 高橋和之（2024）『立憲主義と日本国憲法（第6版）』有斐閣.
2) 長谷部恭男、石川健治、宍戸常寿編（2019）『憲法　判例百選Ⅰ（第7版）』有斐閣.

第3講
1) 高橋和之（2024）『立憲主義と日本国憲法（第6版）』有斐閣.
2) 長谷部恭男、石川健治、宍戸常寿編（2019）『憲法　判例百選Ⅰ（第7版）』有斐閣.
3) 甲斐克則、手嶋豊編『医事法判例百選（第2版）』有斐閣.

第4講
1) 高橋和之（2024）『立憲主義と日本国憲法（第6版）』有斐閣.
2) 長谷部恭男、石川健治、宍戸常寿編（2019）『憲法　判例百選Ⅰ（第7版）』有斐閣.
3) 甲斐克則、手嶋豊編（2014）『医事法判例百選（第2版）』有斐閣.

第5講
1) 高橋和之（2024）『立憲主義と日本国憲法（第6版）』有斐閣.
2) 長谷部恭男、石川健治、宍戸常寿編（2019）『憲法　判例百選Ⅰ（第7版）』有斐閣.
3) 甲斐克則、手嶋豊編（2014）『医事法判例百選（第2版）』有斐閣.

第6講
1) 高橋和之（2024）『立憲主義と日本国憲法（第6版）』有斐閣.
2) 長谷部恭男、石川健治、宍戸常寿編（2019）『憲法　判例百選Ⅰ（第7版）』有斐閣.

第7講
1) 国立公文書館ホームページ
https://www.archives.go.jp/ayumi/photo.html?m=104&pm=5

2）厚生労働省のホームページ
   https://www.mext.go.jp/lifescience/bioethics/files/pdf/n2380_04.pdf
3）厚生労働省ホームページ
   https://www.mhlw.go.jp/content/10800000/000647734.pdf
4）高橋和之（2024）『立憲主義と日本国憲法（第6版）』有斐閣.
5）甲斐克則・手嶋豊編著（2014）『医事法判例百選（第2版）』有斐閣.
6）長谷部恭男、石川健治、宍戸常寿編（2019）『憲法　判例百選Ⅰ（第7版）』有斐閣.

第8講

1）高橋和之（2024）『立憲主義と日本国憲法（第6版）』有斐閣.
2）長谷部恭男、石川健治、宍戸常寿編（2019）『憲法　判例百選Ⅰ（第7版）』有斐閣.

第9講

1）高橋和之（2024）『立憲主義と日本国憲法（第6版）』有斐閣.
2）長谷部恭男、石川健治、宍戸常寿編（2019）『憲法　判例百選Ⅰ（第7版）』有斐閣.

第10講

1）芦部信喜　高橋和之補訂（2023）『憲法（第八版）』岩波書店.
2）渡辺康行、宍戸常寿、松本和彦、工藤達朗（2023）『憲法Ⅰ　基本権（第2版）』日本評論社.
3）安齋文雄、巻美矢紀、宍戸常寿（2018）『憲法学読本（第3版）』有斐閣.
4）長谷部恭男、石川健治、宍戸常寿編（2019）『憲法　判例百選Ⅰ（第7版）』有斐閣.
5）新村出編（2008）『広辞苑（第6版）』岩波書店.
6）衆議院憲法調査会事務局（2004）『「経済的・社会的・文化的自由（特に、職業選択の自由（22条）・財産権（29条））」に関する基礎的資料』
7）厚生労働省ウェブサイト
   https://www.mhlw.go.jp/content/11121000/001061773.pdf

第11講

1）芦部信喜　高橋和之補訂（2023）『憲法（第八版）』岩波書店.
2）渡辺康行、宍戸常寿、松本和彦、工藤達朗（2023）『憲法Ⅰ　基本権（第2版）』日本評論社.
3）安齋文雄、巻美矢紀、宍戸常寿（2018）『憲法学読本（第3版）』有斐閣.

4) 宇賀克也（2023）『行政法概説Ⅰ　行政法総論（第 8 版）』有斐閣.
5) 長谷部恭男、石川健治、宍戸常寿編（2019）『憲法　判例百選Ⅰ（第 7 版）』有斐閣.
6) 厚生労働省ウェブサイト
https://www.mhlw.go.jp/file/05-Shingikai-12601000-Seisakutoukatsukan-Sanjikanshitsu_Shakaihoshoutantou/0000099508.pdf

第 12 講
1) 芦部信喜　高橋和之補訂（2023）『憲法（第八版）』岩波書店.
2) 渡辺康行、宍戸常寿、松本和彦、工藤達朗（2023）『憲法Ⅰ　基本権（第 2 版）』日本評論社.
3) 長谷部恭男、石川健治、宍戸常寿編（2019）『憲法　判例百選Ⅰ（第 7 版）』有斐閣.
4) 齋藤昭彦（2014）「過去・現在・未来で読み解く、日本の予防接種制度」医学書院.
5) 厚生労働省ウェブサイト
https://www.mhlw.go.jp/content/10601000/000553926.pdf
6) 厚生労働省ウェブサイト
https://www.mhlw.go.jp/stf/seisakunitsuite/bunya/vaccine_kenkouhigaikyuusai.html
7) 国土交通省ウェブサイト
https://www5.cao.go.jp/keizai-shimon/kaigi/special/reform/wg6/290316/pdf/shiryou1-1_5.pdf
8) 大滝恭弘、加藤大裕、齋藤智恵、秦奈峰子（2024）『医療系学部のための「医療と社会」入門（第 3 版）』ムイスリ出版.

第 13 講
1) 芦部信喜　高橋和之補訂（2023）『憲法（第八版）』岩波書店.
2) 高橋和之（2013）『立憲主義と日本国憲法（第 6 版）』有斐閣.
3) 渡辺康行、宍戸常寿、松本和彦、工藤達朗（2023）『憲法Ⅰ　基本権（第 2 版）』日本評論社.
4) 長谷部恭男、石川健治、宍戸常寿編（2019）『憲法　判例百選Ⅱ（第 7 版）』有斐閣.
5) 新村出編（2008）『広辞苑（第 6 版）』岩波書店.
6) 総務省統計局ウェブサイト
https://www.stat.go.jp/data/kouri/doukou/3.html
7) 大滝恭弘、加藤大裕、齋藤智恵、秦奈峰子（2024）『医療系学部のための「医療と社会」入門（第 3 版）』ムイスリ出版.

第 14 講

1) 芦部信喜　高橋和之補訂（2023）『憲法（第八版）』岩波書店.
2) 高橋和之（2013）『立憲主義と日本国憲法（第6版）』有斐閣.
3) 渡辺康行、宍戸常寿、松本和彦、工藤達朗（2023）『憲法Ⅰ　基本権（第2版）』日本評論社.
4) 渡辺康行、宍戸常寿、松本和彦、工藤達朗（2023）『憲法Ⅱ　総論・統治』日本評論社.
5) 安齋文雄、巻美矢紀、宍戸常寿（2018）『憲法学読本（第3版）』有斐閣.
6) 長谷部恭男、石川健治、宍戸常寿編（2019）『憲法　判例百選Ⅱ（第7版）』有斐閣.
7) 厚生労働省ウェブサイト
   https://guardianship.mhlw.go.jp/
8) 総務省ウェブサイト
   https://www.soumu.go.jp/senkyo/kokuminshinsa/seido_point.html

第 15 講

1) 芦部信喜　高橋和之補訂（2023）『憲法（第八版）』岩波書店.
2) 高橋和之（2013）『立憲主義と日本国憲法（第6版）』有斐閣.
3) 渡辺康行、宍戸常寿、松本和彦、工藤達朗（2023）『憲法Ⅱ　総論・統治』日本評論社.
4) 宇賀克也（2021）『行政法概説Ⅱ　行政救済法（第7版）』有斐閣.
5) 長谷部恭男、石川健治、宍戸常寿編（2019）『憲法　判例百選Ⅱ（第7版）』有斐閣.
6) 厚生労働省（2021）『ハンセン病の向こう側』
7) 公益財団法人笹川保健財団（2024）『キミは知っているかい？ハンセン病のこと。』
8) 国立ハンセン病資料館編（2010）『国立ハンセン病資料館ブックレット1　シンポジウムの記録　隔離の記憶を掘る〜全生病院「患者地区」を囲んだ「堀・土塁」〜』日本科学技術振興財団.
9) 成田稔（2010）『国立ハンセン病資料館　研究紀要　第1号［総説］癩、ハンセン病をめぐる偏見と差別』日本科学技術振興財団.
10) 国立感染症研究所ウェブサイト
    https://www.niid.go.jp/niid/ja/leprosy-m/1841-lrc/1707-expert.html
11) 大滝恭弘、加藤大裕、齋藤智恵、秦奈峰子（2024）『医療系学部のための「医療と社会」入門（第3版）』ムイスリ出版.

索 引

あ

旭川学テ事件 57, 118
朝日訴訟 115
新しい人権 20
医師法 90
医療従事者法 91
医療保険制度 113
営業の自由 88
営利的言論 65
大阪市ヘイトスピーチ条例事件 68

か

介護保険制度 113
学問研究の自由 55
河川附近地制限事件 106
間接選挙 130
間接適用説 15
完全補償説 106
議員定数の不均衡 129
機会の平等 36
規制目的二分論 96, 101
基本的人権 8
義務教育 119
教育を受ける権利 118
教授の自由 56
京都府学連事件 31
許可制 89
居住・移転の自由 78
勤労の権利 120
具体的権利説 114
クロロキン薬害事件 137
経済的自由権 77
結社の自由 74
検閲 75
厳格な合理性の基準 95, 102
剣道受講拒否事件 46
権力分立 9
公共のために用いる 105
公共の福祉 79, 89, 101
公衆衛生 112
公職選挙法 127, 130
公序良俗違反 12
後段列挙事由 37

幸福追求権 20
小売市場事件 83, 88, 92
国民主権 7, 124
国民審査 125
国民投票 126
国家からの自由 111
国家独占 90
国家による自由 112
国家賠償請求権 135
国家賠償制度 107
国家賠償法 136
国家無答責の原則 135
子供の学習権 118
婚姻の自由 6
混合診療禁止の原則 42

さ

財産権 78, 99
三権分立 9
参政権 123
自己決定権 23, 25
自己実現 61
自己統治 61
私人間効力 11, 13
実質的機会の平等 36
私的自治の原則 12
社会権 111
社会福祉 112
社会保障 112
集会の自由 73
宗教的結社の自由 50
宗教的行為の自由 48
自由権 111
私有財産制 100
自由選挙 129
住民投票 126
消極目的規制 95, 102
証取法事件 104
情報受領権 70
職業上知り得た秘密 32
職業選択の自由 78, 87
女子若年定年制事件 14
知る権利 70
信仰の自由 46

身体抑制 16
森林法共有林事件 100, 102
生活保護制度 113
生活保護法 115
請求権 112
政教分離原則 51
政治的表現行為 64
精神的自由権 81
生存権 112
正当な補償 106
制度的保障 51
成年後見制度 127
積極目的規制 93, 102
絶対的平等 37
選挙権 125
全農林警職法事件 122
前文 7
争議権 121
相対的平等 37
相当補償説 106
損失補償 104, 136
尊属殺重罰規定違憲判決 40

た

大学の自治 58
滝川事件 53
立川テント村事件 64
団体権 121
団体交渉権 121
団体行動権 121
抽象的権利説 114
直接選挙 129
通信の秘密 75
津地鎮祭事件 52
天皇機関説事件 53
天皇主権 123
東大ポポロ事件 58
投票価値の平等 128
登録制 89
特別な犠牲 106
土地収用法 105
土地収用法事件 106
特許制 90
届出制 89

な

二元説 127
二重の基準論 81, 84, 86
農地改革事件 106

は

ハンセン病 138
非摘出子相続分差別事件 39
1人1票の原則 128
秘密選挙 129
平等 36
平等選挙 128
複選制 130
普通選挙 127
プライバシー権 30
プログラム規定説 114
ヘイトスピーチ 67
平和主義 8
法 2
法適用の平等 37
法内容の平等 37
法律 4
北方ジャーナル事件 28
堀木訴訟 117

ま

明白の原則 94, 102
名誉権 28

や

薬事法違憲判決事件 85, 88, 92
郵便法違憲判決 136
輸血拒否訴訟事件 23
予防接種 107, 114
予防接種健康被害救済制度 110

ら

癩予防に関する件 142
らい予防法 143
癩予防法 142
立憲主義 4
臨床研究法 55
類推適用 109
労働基本権 121

著者紹介

加藤　大裕（かとう　だいすけ）

　弁護士。板橋総合法律事務所パートナー。帝京大学医療共通教育研究センター非常勤講師。HDLA（医療側弁護士研究会）会員。法務博士（専門職）。2004年 明治大学法学部法律学科卒業、2006年 中央大学大学院法務研究科修了。専門は人事労務と医療法務。その他家事事件等も取り扱う。著書に『医療系学部のための「医療と社会」入門』（共著　ムイスリ出版）
　（第1講、第2講、第4講～第9講 執筆）

大滝　恭弘（おおたき　やすひろ）

　帝京大学医療共通教育研究センター教授。医師・弁護士。日本リウマチ学会リウマチ専門医、社会医学系専門医協会社会医学系専門医、日本医師会認定産業医。博士（医学）・法務博士（専門職）。板橋総合法律事務所パートナーを務める。主な研究分野は医療事故・医療過誤。損保ジャパン株式会社とクローズドクレーム（＝法的に決着のついた医療クレーム）の共同研究を行っている。著書に『医療法学入門』（医学書院）など。
　（第3講及び第13講 執筆）

尾﨑　順（おざき　じゅん）

　弁護士。ケルビム法律事務所。帝京大学医療共通教育研究センター非常勤講師。法務博士（専門職）。2002年 中央大学法学部法律学科卒業、2012年 日本大学大学院法務研究科法務専攻修了。専門は企業法務と医療法務。その他一般民事事件も取り扱う。著書に『Q＆A地域医療連携推進法人の実務』（共著　中央経済社）
　（第10講～第12講、第14講、第15講 執筆）

| 2025年2月20日 | 初 版 第1刷発行 |

医療系学部のための
　　「日本国憲法」入門

著　者　加藤大裕／大滝恭弘／尾﨑 順　©2025
発行者　橋本豪夫
発行所　ムイスリ出版株式会社

〒169-0075
東京都新宿区高田馬場 4-2-9
Tel.03-3362-9241(代表)　Fax.03-3362-9145
振替 00110-2-102907

カット：山手澄香　　　ISBN978-4-89641-344-1　C3032

提出シート（第１５講）

学部 学科			
出席 番号		氏名	

提出シート（第14講）

学部 学科			
出席 番号		氏名	

提出シート(第13講)

学部学科	
出席番号	氏名

提出シート（第１２講）

学部学科	
出席番号	氏名

提出シート（第１１講）

学部学科	
出席番号	氏名

提出シート(第10講)

学部学科			
出席番号		氏名	

提出シート（第7講）

学部 学科			
出席 番号		氏名	

提出シート（第6講）

学部学科	
出席番号	氏名

提出シート（第5講）

学部 学科			
出席 番号		氏名	

提出シート(第4講)

学部学科			
出席番号		氏名	

提出シート（第3講）

学部 学科			
出席 番号		氏名	

提出シート(第2講)

学部学科			
出席番号		氏名	

提出シート（第 1 講）

_____

_____

_____

_____

_____

_____

_____

学部学科			
出席番号		氏名